Reisen durch die Küchen von Sachsen-Anhalt

ISBN 3-89798-152-1

Fotografie: Hagen Neßler, Magdeburg; Beatrice Dittmann, Magdeburg;
Ludwig Schumann, Magdeburg; Uwe Hämsch, Leipzig
Kochen und Anrichten der Speisen: Klaus Pokrant, Burgrestaurant Rudelsburg, Saaleck
Gestaltung/Repro: Catharina Ende, Leipzig
Druck und Bindearbeiten: GCC Grafisches Centrum Calbe

Printed in Germany

www.buchverlag-fuer-die-frau.de

Ludwig Schumann

Reisen durch die Küchen von Sachsen-Anhalt

DIE ALTMARK

ANHALT-WITTENBERG

ELBE-BÖRDE-HEIDE UND MAGDEBURG

DER HARZ

DIE SAALE-UNSTRUT-REGION

BuchVerlag
für die Frau

INHALT

Zufallsbekanntschaften auf der Reise durch eine vorgebliche kulinarische „Wüstung“

Dass die Vögel des Kummers und der Sorge über dein Haupt fliegen, kannst du nicht ändern. Aber dass sie Nester in deinem Haar bauen, das kannst du verhindern.

Chinesische Weisheit

Wenn wir mit unserer chinesischen Freundin Gerge Shumulu zusammensitzen, sie gekocht hat und wir den Abend bei ihr mit Essen, Trinken, Zuhören und Reden verbringen, dann geht diese alte chinesische Weisheit in Erfüllung. Gut, im Deutschen gibt es als Weisheit: „Essen und Trinken hält Leib und Seele zusammen.“ Aber das klingt wenig elegant und trifft nicht, was die chinesische Weisheit an dieser Stelle zu sagen hat. Sie lässt offen, wie man das Nisten der Kummervögel verhindern kann. Ein Weg ist gewiss, das fröhliche Kochen und Essen mit Freunden. Wobei wichtig ist, dass man es mit Freunden und nicht allein tut. Das scheint manchmal schwierig, wenn man sich anschaut, wie in Deutschland Küchen gebaut werden. Trotzdem: Dass es an der Bauart der Küche scheiterte, ist dem Willen zum Sorgen, der uns Deutschen zu eigen scheint, eher zuzuschreiben, als dass dies tatsächlich ein Grund zur Unterlassung sei.

In der Wernigeröder Krell´schen Schmiede wurde noch vor einiger Zeit in einer kleinen Küche mit zwölf, dreizehn Kindern gemeinsam gekocht. Es ging. Früher, als die Schmiede noch Schmiede und nicht Museum war, musste es auch gehen. Es braucht den Palast nicht. Es braucht einen Raum, nicht einmal einen Tisch. Es bedarf der Töpfe, der Teller und des Bestecks. Wobei: In einem äthiopischen Restaurant las ich auf der Speisekarte: „Wer bei uns isst, isst mit dem ältesten Besteck der Menschheit, mit den Fingern.“ Ein wunderbares Erlebnis, wenn man es sich wieder traut. Mein afrikanischer Freund Amouzou Amouzou Glikpa hat einen Lehrsatz aufgestellt, der für alle Rezepte dieses Buches gilt: „Bei uns in Afrika ist jeder Koch sein eigener Doktorprofessor. Es gibt keine Autorität, von der wir uns für unser Kochen etwas vorschreiben ließen. Wenn wir kochen, muss das Essen drei Bedingungen erfüllen: Es muss gut riechen. Es muss gut schmecken. Es muss gut aussehen. Dann ist es ein gutes Essen. Alle Rezepte können immer nur eine Anregung sein.“

Und auch hier gilt: Alles Essen macht keinen Spaß, wenn man keine Freunde dazu einlädt, oder sich auf Neubekanntschaften nicht einrichten mag. Manchmal scheint so etwas hindurch in diesem Buch: Wenn man die alten Salzwedeler Hochzeitsrezepte aufschlägt, beispielsweise. Wo man zusammenkommt, verscheucht man die Kummervögel, schmiedet Pläne, hilft einander weiter. An der Barbaratafel in Lutherstadt Wittenberg erfährt man neben dem anderen Gebrauch in der Zusammenstellung von Gewürzen vor allem auch das Gemeinschaftserlebnis der Tafel. Auf dem Ummendorfer Ziegenhof sind, ebenso wie in Hohendodeleben, etliche Leute aus allerhand Ländern versammelt und, fast möchte man gut alttestamentarisch sagen: brechen miteinander das Brot. Kochen als eine Möglichkeit, Kommunikation zu beginnen, das ist ein Ansatz für ein Kochbuch.

Ein anderer ist, etwas mehr über eine Region erfahren zu wollen. Das gelingt nicht nur durch visuelle Erkundung, sondern auch über die Verführung der Sinne, über den Weg der Geschmacksnerven. Auf der Zunge erfährt man etwas von der Seele einer Region. Und weil

das so ist, bleiben wir mit den Rezepten nicht nur in der Vergangenheit, also bei den in bisher streng genommenem Sinne regionalen Rezepten, sondern suchen auch kochbegeisterte Menschen auf, die aus dem Wissen aus der Region und mit ihren Erfahrungen regionale Küche weiterentwickeln. Wie wir sehen, auf ganz verschiedenen Wegen. Sachsen-Anhalt hat also durchaus eine lebendige Küche.

Wir sprachen über die Seele einer Region. Jetzt kommen wir an einen wichtigen Punkt dieses Vorwortes: Küche hat immer etwas Einladendes. Glauben Sie mir, Sie können jedes dieser Rezepte nachkochen und schon dabei wird es sich geschmacklich verändern gegenüber dem Originalrezept. Das ist gewünscht, weil genau so regionale, lebendige Küche passiert. Aber wenn Sie wissen wollen, wie das so schmeckt, wie es gedacht ist - dann müssen Sie nach Sachsen-Anhalt kommen. Nach Salzwedel, dem Venedig des Nordens, oder in den Burgenlandkreis, die Toskana des Nordens. Sie merken schon an diesen beiden Bezeichnungen, dass der Anspruch des Landes an der Straße der Romanik hoch ist. Zu recht, wie ich finde. Deshalb finden Sie auch die vielen, schönen Landschaftsbilder von Hagen Neßler in diesem Buch.

Insofern: Betrachten Sie dieses Buch als eines, was es auch ist: Eine große, wunderbare Einladung in ein liebenswertes Land, das zum Kernland deutscher Geschichte und Kultur gehört. Einem Land, in welchem Sie im Autostundentakt auf insgesamt vier UNESCO-Welterbestätten und ein UNESCO-Biosphärenreservat stoßen, auf eine prachtvolle Reihe romanischer Bauwerke, wundervolle historische Parks wie den Wörlitzer Park, auf das Mutterland der Reformation und, nicht zu vergessen, auf das gelungene Erbe des Bauhauses Dessau als Sprungbrett für die internationale Karriere einer ganzen Architekturepoche.

Einen besonderen Dank möchte ich dabei aussprechen an die vielen Mitautoren, denen Sie in diesem Buch begegnen werden. Alle Besuche, die in diesem Buch geschildert werden, haben bei mir tiefe, angenehme Spuren hinterlassen. Ich hoffe auf noch viele Begegnungen. Das ist der Grund, weshalb ich denke, die Kummervögel haben bei mir vorerst keine Chance auf einen Nistplatz. Bei meinen Gesprächspartnern konnte ich sie auch nicht entdecken.

Ich bin immer wieder überrascht, mit welcher Offenheit und Freude einem Menschen in Sachsen-Anhalt begegnen, auch wenn man sich vorher nicht gekannt hat.
Ludwig Schumann

Druxberger Landschaft

ALTMARK

Salzwedeler Impression

Eines ist gewiss: Wer Ruhe haben will und Weite, zuweilen auch menschenleere Weite, freut sich auf das am wenigsten besiedelte Gebiet Deutschlands. Es ist das preußische Junkerland, in dem die großen deutschen Adelsgeschlechter wie die Bismarcks, von der Schulenburgs und andere sesshaft waren – und seit der Wende auch wieder sind.

Adelbert von Chamisso (1781-1838) war auf Kirchpolkritz zu Besuch, Theodor Fontane (1819-1898) schrieb über Tangermündes Grete Minde – die Meisternovelle war der Durchbruch Fontanes auf dem Weg der Wandlung vom Journalisten zum Dichter. Der französische Schriftsteller Marie-Henri Beyle (1783-1842) war so begeistert von der Arbeit Winckelmanns, dass er sich als Dichter nach der fernen Stadt in der Altmark Stendhal nannte – und Johann Joachim Winckelmann (1717-1768) selber, der Stendaler Schusterssohn, begründete in Rom die Archäologie als Wissenschaft. Im Stendaler Winckelmannmuseum kann man heute das größte Pferd von Troja besichtigen, das sogar im Guinessbuch steht.

Die vier wichtigsten Städte der Altmark sind Salzwedel, Stendal, Gardelegen und Tangermünde. Tangermünde wäre zu Zeiten von Kaiser Karl IV. (1316-1378), dem bedeutendsten Kaiser des Spätmittelalters, beinahe deutsche Hauptstadt geworden. Der Legende nach soll Tangermünde durch Karls Berater, den in Stendal gebürtigen Magdeburger Erzbischof Dietrich Kagelwit (um 1300-1367), der Altmark Schweinsohren als ein wohlschmeckendes Gericht geschenkt haben. Nach Wilhelm von Bredow soll die Geschichte zwar im Kloster Lehnin gespielt haben, aber schließlich war Kagelwit ein Altmärker Sohn – und darauf kommt es an.

Noch nicht so berühmt, aber sehr lecker ist auch das Tangermünder Kuhschwanzbier. Salzwedel hat den unvergleichlichen Salzwedeler Baumkuchen zum gastronomischen Kulturgut erhoben. Und bis weit hinein nach Niedersachsen ist keine Hochzeitsfeier denkbar ohne die berühmte Altmärkische Hochzeitssuppe, um deren tatsächliche Rezeptur es Glaubenskämpfe gibt. Das Buch bietet eine nordwestliche und eine östliche Altmärker Hochzeitssuppe.

Zum Kulturgut der Altmark gehören selbstverständlich auch jene merkwürdigen, weißen stangenartigen Gewächse, die alljährlich durch den Sand stechen und in der heutigen Anbauweise erst seit den zwanziger Jahren des vorigen Jahrhunderts, also verhältnismäßig jung für eine solche esskulturprägende Erscheinung, auftreten: der Altmärker Bleichspargel. Die Altmark hat mit dem Arendsee den größten und tiefsten natürlichen See Sachsen-Anhalts mit einem schönen Badestrand, Campingmöglichkeiten und einem Fisch, den es ursprünglich in Sachsen-Anhalt aufgrund der Tiefe des Sees nur hier gab: Der Maräne. Der 1170 geweihte Dom von Havelberg und die Jerichower Stiftskirche, deren Bau auf etwa die selbe Zeit zurückgeht, sind zwei weitere Anziehungspunkte auf der Straße der Romanik.

Für Radfahrer und Reiter ist die Altmark eines der schönsten und erschlossensten Gebiete in Deutschland. Mit Havel und Elbe bietet sie dem Wasserwanderer auf dem Blauen Band Sachsen-Anhalts hervorragende Möglichkeiten sowohl zum Wasserwandern als auch zum Aussteigen und Halten. Der Drömling ist eine einzigartige Kulturlandschaft im Westen der Altmark. Das auf Anordnung Friedrichs des Großen (1712-1786) trockengelegte Moor ist heute Naturpark und hat mit seiner Moordammkultur ein ganz eigenes Landschaftsbild hervorgebracht. Der Weißstorch weiß diese Landschaft sehr zu schätzen, auch der Elbbiber lebt wieder in der Flusslandschaft der Elbe, die zum Biosphärenreservat Mittelelbe zählt.

Theodor Fontane:
Fünf Schlösser,
1888-1889,
Teil 1: Quitzöwel,
5. Kapitel

Dietrich und Johann von Quitzow zur Taufe bei Kaspar Gans von Putlitz zu Tangermünde

Schon am 7. August [1410] brach man denn auch nach Schloß Tangermünde hin auf. Es war ein überaus glänzender Zug, der in seinem Glanze nicht an die Not des Landes gemahnte. (...) Nun ging es auf das jüngst erst von Kaiser Karl IV. erbaute Schloß Tangermünde zu, wo sich die havelländischen Gäste mit denen aus der Altmark und Prignitz vereinigten. Am nächsten Tage folgte der Taufakt in der von prächtigem Gestein funkelnden Schloßkapelle, woran sich, unmittelbar fast, ein ausgewähltes Mahl schloß. Die dabei, nach Sitte der Zeit, vorzugsweise zur Verwendung kommenden Gewürze waren Pfeffer und Safran. Ein anderer charakteristischer Zug der damaligen Kochkunst bestand darin, nichts zu verschmähen und alle Tierteile: Köpfe, Füße, Zunge, Hirn, Lunge, Leber, Nieren, Gekröse, gleichmäßig in Delikatessen umzuwandeln. Dazu die Schaugerichte: turmartige Kuchen aus Pastetenteig, in die man lebendige Vögel hineinsetzte, die dann beim Öffnen wegflogen...

Foto links:
Park des Bismarck'schen
Gutes in Döbbelin
Foto rechts:
Frauen in Trachten

Apenburger Geschichten

1774 veröffentlichte Matthias Claudius im „Wandsbecker Boten" das folgende Gedicht zu Ehren der Kartoffel:
„Schön rötlich die Kartoffeln sind und weiß wie Alabaster. Sie däu'n sich lieblich und geschwind und sind für Mann und Weib und Kind ein rechtes Magenpflaster."

Apenburg ist ein typischer Altmarkort von knapp 1000 Einwohnern im Altmarkkreis Salzwedel, etwa 34 Meter über NN. Eine besondere Sehenswürdigkeit ist die 1355 erbaute Burganlage mit Innenhof, Bergfried und Begräbnisstätte der Grafen von der Schulenburg. Die Apenburger Pfarrkirche St. Johannis Baptistae stammt aus dem 14. Jahrhundert. Für Urlauber richtig interessant ist die Möglichkeit, ähnlich wie in Irland, mit einem einpferdgetriebenen Wohnwagen von Apenburg aus eine Woche selbständig die Altmark zu erkunden.

Ein Licht in der Altmark

Advent in Apenburg. Die Lichter brennen im Apenburger Adventshaus. Ab 1. Dezember werden hier jeden Abend Geschichten vorgelesen. Adventsgeschichten natürlich, und Weihnachtsgeschichten. Peter Warlich, der Verwalter des Schulenburgschen landwirtschaftlichen Betriebes, hatte die Idee. Aber niemand glaubte, dass aus dieser Idee etwas würde. Die Kinder kamen aus allen Apenburger Straßen. Im Adventshaus saß man voller Erwartung. Fünfzig Kinder, dreißig Erwachsene hatten sich eingefunden. Etliche Erwachsene waren neugierig auf die Geschichten und blieben zum Hören. Die draußen warteten, bekamen Glühwein ausgeschenkt. Frauen hatten Kuchen gebacken, „damit es die Kinder schön haben." Es sprach sich blitzschnell herum. Aus Klötze und anderswo kamen die Menschen: In Apenburg, im Adventshaus, wird erzählt. Eine lebende Krippe ist da zu sehen, mit Ziegen und einem Esel und so weiter. Jeder, der sich rechtzeitig anmeldet, kann dort lesen.

„Sie werden es nicht glauben...", Peter Warlich ist noch jetzt, lange danach, begeistert. Dieser Mann, der ausschaut, wie man sich einen Langobarden oder einen Wikinger vorstellen mag, kräftig, breit, ein Mensch wie ein muskelfleischgewordenes Energiebündel – er erzählt mit strahlenden Augen, „es haben sich mehr Menschen gemeldet, die am Abend eine Geschichte von oder über Weihnachten erzählen wollten, als der Dezember Tage hat." Wenn die Glocke 18.30 Uhr auf dem Dorfplatz schellte und zum Adventshaus rief, war der Apenburger Weihnachtsmarkt wie leergefegt. Und am 24. Dezember wurde das letzte Geschichtenfenster aufgemacht. Dieses wurde dann aber in der Apenburger Kirche geöffnet. Und da war sie endlich wieder voll, die Kirche, zum Heiligen Abend. Weil alle Menschen gern Geschichten hören...

Foto rechts: Ehepaar von der Schulenburg

Drei Jahre reift das Fleisch der Herford-Rinder auf der Weide. Erst dann wird es wirklich ein Genuss sein. „Wir produzieren absolut ehrlich und im Einvernehmen mit der Natur", garantiert Paul-Werner von der Schulenburg.

Eigentlich wollten wir über Lebensmittel reden. Paul-Werner von der Schulenburg lässt dem Fleisch Zeit bei der Reife auf der Weide. Dass sich Fleisch langsam aufbaut, dafür braucht das Rind drei Jahre an der frischen Luft bei gutem Futter. Es darf keine Eile haben. Was aber für die Aufzucht gilt, gilt auch für die Zubereitung. Das Fleisch wird bei niedrigen Temperaturen, 90 Grad, über vier, fünf Stunden gegart, wie man das früher in der Grude machte. „Der Lohn ist ein zartes, wunderbar saftiges Fleisch – und das erhalten Sie nicht nur aus den besten Stücken des Tieres, sondern aus nahezu allem Fleisch. Von einem Tier, das solange auf der Weide gestanden hat, muss man alles essen. Und es schmeckt, in der Tat, auch alles sehr gut."

Peter Warlich ist, wie Paul-Werner von der Schulenburg auch, kein Koch. Aber schwärmen vom Essen können sie beide. Besonders dann, wenn es um ihre beiden Hauptprodukte, das Rindfleisch und die Kartoffel, geht. Die ganz kleinen, runden Kartoffeln, die beim Verkauf meist liegenbleiben, schmecken am besten. Die Philosophie der nachfolgenden Rezepte: Im Einfachen das Beste finden.

Rindergut Apenburg
Paul-Werner von der Schulenburg, Peter Warlich
Hinterstraße 6, 38486 Apenburg
Tel.: 039001/63009, Fax: 039001/63011
rindergut.apenburg@t-online.de

Foto links unten:
Die Ehepaare von der Schulenburg (rechts mit Enkel) und Warlich auf der Schulenburgschen Terrasse

Die Schulenburgsche Philosophie vom Fleisch geht zurück auf die Gedanken vom „Guten Fleisch" von Karl Ludwig Schweisfurth. Der ehemalige Eigentümer der Wurstfabrik „Herta" verkaufte seine Firma und baute einen ökologischen Landwirtschaftsbetrieb auf. Seine Idee: Lebens-Mittel sinnvoll und wirtschaftlich zu produzieren.

Schulenburgsche Familiengeschichten

Wahr ist, dass die von der Schulenburgs ein weitverzweigtes, altes, in erster Linie zunächst brandenburgisches, dann preußisches Adelsgeschlecht sind. Lokal lässt es sich auf den Ort Schulenburg bei Stappenbeck in der Altmark, in der Abstammung auf den Ritter Wernerus de Sculenburch, erstmals 1237 erwähnt, zurückführen. In Apenburg, gleichfalls in der Nähe Salzwedels, sind wir also dicht dran am Geschehen. Nicht verschwiegen soll sein, dass einer der ihren, Johann Matthias von der Schulenburg (1661 in Emden bei Magdeburg geboren und 1747 in Verona gestorben), für die Republik Venedig Korfu gegen die Türken verteidigte und ihm hier auch ein Denkmal errichtet wurde. Immerhin entstammen der Familie vier Feldmarschälle, 25 Generäle, sechs Staatsminister und vier Bischöfe, weiß zumindest der Statistiker.

Paul-Werner von der Schulenburg hatte, in der Tradition der Familie stehend, zunächst eine militärische Laufbahn eingeschlagen. Er beendete sie als Oberst der Bundeswehr und startete alsdann eine Karriere als Unternehmensberater, zunächst bei McKinley, dann in eigener Verantwortung in Düsseldorf.

Mit der deutschen Einheit stellte sich ihm eine unverhoffte Aufgabe, die er aber als eine ihn angehende Pflicht auch annahm. Im Gespräch mit ihm wird das sehr deutlich: Als einer, der zu den Schulenburgs gehört, weiß er sich verantwortlich für die Region, aus der er stammt. Hier hat er mit der Altmärkischen Entwicklungsgesellschaft Apenburg bereits etliche Entwicklungskonzepte entworfen. Peter Warlich, Verwalter und Sachwalter der Schulenburgs in Apenburg, bringt sich in seiner ungestümen Weise gleichfalls in diese Arbeit ein: Eine Region in Schwingungen zu versetzen, ist die Voraussetzung für Aufschwung.

Altmärker Knöllchen mit Kräuterquark

Die Altmärker Knöllchen sind lecker in der Schale und müssen nicht gepellt werden. Das gilt für alle folgenden Rezepte mit dieser Kartoffelsorte.

800 g kleine, runde Kartoffeln
50 g Butter
1 Bund Schnittlauch, 1 kleiner Bund Petersilie
1 Knoblauchzehe
400 g Quark, 1 EL kaltgepresstes Olivenöl
Salz, Pfeffer, Kümmel
evtl. Zucchiniblüte, Borretschblüten

Die sauberen Kartoffeln ungeschält in einem Topf, gerade mit Wasser bedeckt, mit Salz kochen, bis sie gar sind. Das Wasser abgießen. Die Kartoffeln im Sieb abtropfen lassen.
Die zimmerwarme Butter mit klein gehackter Petersilie, evtl. ein paar Schnittlauchröllchen und ein wenig Salz verrühren. Diese Kräuterbutter in einer Pfanne auslassen und die Kartoffeln darin schwenken, bis sie goldfarben sind. Dabei die Kartoffeln mit Kümmel überstreuen.

Den Quark in eine entsprechend große Schüssel geben. Olivenöl vorsichtig mit dem Quark verrühren. Die geschälte Knoblauchzehe in feine Würfel schneiden, den Schnittlauch nach dem Abbrausen in feine Ringe. Die Kräuter mit dem Quark verrühren und das Ganze mit einer Prise Salz abschmecken.
Das Gericht nach Belieben mit rotem oder grünem Gemüse, Kräutern, einer großen, gelben Zucchiniblüte oder mehreren blauen Borretschblüten garnieren.

Altmärker Knöllchen mit Frühlingsquark

800 g kleine, runde Kartoffeln
50 g Butter
1 Zitrone, Kümmel
300 g Quark, 125 ml Buttermilch
Radieschen, 1 kleiner Bund Lauch- oder Frühlingszwiebeln
100 g Salatgurke
Salz, Pfeffer
etwas Petersilie

Die Kartoffeln ungeschält waschen und in einem Topf, gerade mit Wasser bedeckt, mit Salz kochen, bis sie gar sind. Das Wasser abgießen, die Kartoffeln im Sieb abtropfen lassen.
Die Butter in der Pfanne erhitzen, die Kartoffeln mit etwas Zitrone und Kümmel in der Butter schwenken, bis sie goldfarben sind.
Quark und Buttermilch miteinander in einer Schüssel verrühren. Die Radieschen und die Zwiebeln waschen, putzen, abtropfen lassen und dann in feine Scheiben schneiden. Die gewaschene Salatgurke ungeschält in kleine Stifte schneiden. Alles unter den Quark mischen und mit Salz und etwas Pfeffer abschmecken. Kartoffeln und Quark auf vier Tellern anrichten, die fein gehackte Petersilie sparsam auf die Teller streuen und mit ein paar Scheiben Radieschen das frühlingshafte Erscheinungsbild abrunden.

Altmärker Knöllchen in Kräuterbutter

800 g kleine, runde Kartoffeln
1 Bund Schnittlauch, Petersilie
50 g Butter
Rosmarin, Salbei

Die gewaschenen Kartoffeln ungeschält in einem Topf mit Salzwasser kochen, bis sie gar sind. Das Wasser abgießen, Kartoffeln in einem Sieb abtropfen lassen.
Die Kräuter abbrausen und abtropfen lassen. Dann mit dem Wiegemesser auf einem Brett klein schneiden. Butter langsam in einer Pfanne erhitzen, die Kartoffeln bei kleinem Feuer dazugeben, ebenso die Kräuter. Alles in Butter schwenken, bis die Kartoffeln goldfarben sind.

Altmärker Knöllchen, im Räucherspeck gebraten

800 g kleine, runde Kartoffeln
120 g Räucherspeck
2 Zwiebeln
Pfeffer, Salz
eventuell Kümmel

Die Kartoffeln gut abgewaschen ungeschält in Salzwasser kochen. Abschütten und abtropfen lassen, ungepellt in Scheiben schneiden. (Man kann sie freilich auch im Ganzen lassen.)
Räucherspeckwürfel bei kleiner Hitze in der Pfanne auslassen. Zwiebelwürfel dazugeben. Wenn sie glasig geworden sind, die Kartoffeln zufügen und goldgelb braten lassen. Mit Salz und Pfeffer würzen. Wer mag, bestreut sie zusätzlich mit Kümmel.
In der einfachen Küche kann diese so zubereitete Kartoffel ohne weitere Zugaben als Hauptgericht am Abend serviert werden.

Altmärker Knöllchen mit Öl und Zwiebeln

800 g kleine, runde Kartoffeln
Salz, Kümmel
1/4 l Sonnenblumenöl
1 große Zwiebel
Essig, Pfeffer

Die sauberen Kartoffeln ungeschält in Salzwasser unter Zugabe von Kümmel kochen, bis sie gar sind. Wasser abgießen, Kartoffeln gut über einem Sieb abtropfen lassen. Die Altmärker Knöllchen müssen nicht gepellt werden, sie schmecken mit der Schale lecker.
Das Öl in eine Schüssel geben, die geschälten fein gewürfelten Zwiebeln dazugeben. Dann mit Essig, Salz und Pfeffer abschmecken und die Pellkartofflen zur Öl-Zwiebeltunke essen.

Altmärker Knöllchen mit Speckstibbe

800 g kleine, runde Kartoffeln
80 g gut durchwachsener Speck
1 große Zwiebel
40 g Mehl, Salz
Essig nach Geschmack
1 Prise brauner Zucker

Die Kartoffeln gut abwaschen, ungeschält in Salzwasser kochen. Die garen Knollen über einem Sieb abschütten, abtropfen lassen. Speckwürfel in einem Topf goldbraun auslassen.
Die Zwiebel schälen und in feine Würfel schneiden. Zusammen mit dem golbraunem Speck solange dünsten, bis sie glasig sind. Jetzt das Mehl über Speck- und Zwiebelwürfel streuen und unter Rühren durchschwitzen lassen. Unter ständigem Umrühren nach und nach bis zu 1/2 Liter Wasser zugeben und daraus eine sämige Soße kochen. Diese mit Salz, Essig und etwas Zucker, nach Geschmack, süß-sauer abschmecken. Ein wenig ruhen lassen und dann zusammen mit den Pellkartoffeln servieren.

Altmärker Roulade mit Dillkartoffeln

Für die Rouladen:

4 Rinds-Rouladen vom Fleischer
kaltgeräucherter, durchwachsener Speck
2 Zwiebeln (möglichst vom Bauernhof, auch alle weiteren Zutaten)
Senfkörner, 4 saure Gurken
Kapern, Senf
8 Backpflaumen
2 Möhren, 2 Petersilienwurzeln
2 Kartoffeln
Rotwein, Bratenfond
schwarze Pfefferkörner, Wacholderbeeren
1/2 Bund Petersilie, frischer Ingwer

Für die Dillkartoffeln:

800 g kleine Kartoffeln (Altmärker Knöllchen)
50 g Butter
2 EL gehackter Dill
Salz

Mindestens zwei Zwiebeln fein gewürfelt in eine kleine Schüssel geben. Senfkörner, Streifen von sauren Gurken, Kapern und Senf dazugeben und alles miteinander zu einer Paste vermengen. Das auf einem Brett ausgerollte Rouladenfleisch mit dieser Paste bestreichen und mit Speckwürfeln belegen. Auf die so vorbereiteten Rouladen etwas fein gehackte Petersilie geben und je zwei Backpflaumen zufügen. Das gibt dem Fleisch eine zusätzliche Geschmacksnote. Die Rouladen zusammenrollen, mit Zwirnsfaden zubinden oder mit Nadeln zustecken. Dann langsam braten, bis das Fleisch außen leicht braun wird. Die Kasserolle vom Feuer nehmen und die Rouladen ein paar Minuten ziehen lassen.

Klein geschnittene Möhren, Petersilienwurzeln und Kartoffeln dazugeben, außerdem etwas Rotwein, Bratenfond, einige schwarze Pfefferkörner, ein wenig klein geschnittenen Ingwer und zerdrückte Wacholderbeeren. Die Kasserolle zudecken, die Rouladen in der vorgewärmten Backröhre für 1 1/2 bis 2 Stunden leicht schmoren. Das Fleisch sollte mürbe sein, dann lassen sich die Rouladen mit einer Gabel teilen. Zerköcheltes Gemüse, Rotwein, Fond und Gewürze gerinnen zu einer sämigen Soße.

Als Beilage reicht man Dillkartoffeln. Die Altmärker Knöllchen gewaschen in der Schale in Salzwasser kochen. In der Pelle in der zerlassenen Butter schwenken, bis sie goldgelb sind. Mit Dill bestreuen und leicht nachsalzen.

Spargel von der Spargelkönigin

„In der Spargelzeit findet man bei uns Spargel in allem, was morgens, mittags, abends gegessen wird, sogar im Kartoffeleintopf."
Carmen Kalkofen

Cobbel ist ein landwirtschaftlich geprägter Ort im Süden des Landkreises Stendal. Bei knapp 280 Einwohnern verfügt der Ort über eine Bevölkerungsdichte von 25 Einwohnern je Quadratkilometer, mit anderen Worten: Es ist eine Menge Platz. Der 1285 erstmals urkundlich erwähnte Ort wird vom Spargelanbau geprägt und dass es hier außer Carmen Kalkofen noch mehr nette Menschen gibt, sieht man am Pferdefreizeithof Cobbel, der auch Gnadenbrotpferden eine glückliche Zeit beschert.

Spargel muss leben, soll er schmecken

„Spargel stechen können Sie das ganze Jahr. Nur ist er dann im nächsten Jahr kraftlos. Also geht die Saison nur bis um den 21. Juni jedes Jahres." Carmen Kalkofen streicht dem herbstgelben Spargel liebevoll durchs „Haar". „Solange es noch Sonne gibt, mulchen wir ihn noch nicht, weil die Pflanze so Kraft aufbaut." Das Gemüse der Könige will nicht nur zur Ernte pfleglich behandelt werden. Die ehemalige Osterburger Spargelkönigin ist von Vaterseite Urcobblerin, hat in Düsseldorf Industriekauffrau gelernt, studierte dann Bauwesen und brach, als keiner der Brüder den Hof übernehmen wollte, das Studium im vierten Jahr ab, um auf der Landwirtschaftsschule in Haldensleben die Landwirtschaft zu lernen.

„Wir wässern unseren Spargel nicht, um ihn weiß zu halten. Spargel, der am Kopf eine leichte rosa Färbung bekommt, von dem können Sie sicher sein, dass er lebt. Was heißt, dass er schmeckt. Wir pflegen den Kontakt zu unseren Kunden. Hier kommen manchmal Busse mit Leuten vorgefahren, die einfach wissen wollen, wie Spargel angebaut, wie er sortiert, wie er gelagert und wie er verbraucht wird. Es gibt ein kleines Spargelmuseum, durch das mein Vater führt."

Vater Kalkofen, der 1990 den Hof als Wiedereinrichter auf seine heutige Größe ausgebaut hat, erzählt Kurioses aus der Vergangenheit: „In der DDR war Spargel harte Währung. Wir haben in der LPG wichtige Ersatzteile gegen Spargel getauscht." Beinahe unglaublich hört sich heute die Geschichte des LPG-Ausfluges nach Prag an: Zunächst wurde in Zittau ein Hotel mit der Aussicht auf Spargel in der nächsten Saison bestochen, dass man genügend Zimmer bekam. Auch Hotelzimmer waren in der DDR ein knappes Gut. In Zittau fand man ein Reisebüro, das eine Reise für die ganze Gruppe nach Prag gegen Spargel tauschte.

Foto rechts:
Eine Spargelkönigin im Herbstfeld

„Zum Spargel gehört eine mehlig kochende Kartoffel. Wenn Sie mich fragen, dann ist es die „Adretta". Dann schmeckt der Spargel richtig. Und außerdem: Beim Spargel knausert man auch nicht. Da gehören zehn Stangen pro Portion auf den Teller. Sonst ist das rausgeschmissenes Geld."
Carmen Kalkofen

In den zwanziger bis vierziger Jahren lieferte man den Spargel bis Hamburg. Übrigens kamen auch damals die Saisonkräfte aus Polen. „Das gehört eigentlich zur Geschichte des Spargelanbaus und der Landwirtschaft insgesamt in der Altmark dazu." Heute wird der von 25 ha produzierte Weißspargel im wesentlichen auf den Wochenmärkten direkt verkauft.

Essen Spargelzüchter selbst noch Spargel? „Logisch." Vater und Tochter Kalkofen nicken. „Wobei es manchmal wirklich zu viel ist, weil in der Saison der Spargel sogar aus der Kartoffelsuppe guckt", sagt Tochter Carmen. „Aber eine richtige Altmärker Hochzeitssuppe und das obligatorische Hühnerfrikassee danach ist ohne eine tüchtige Portion Spargel nicht zu denken."

Übrigens, der Spargelhof Kalkofen in Cobbel ist traditionell immer eine Woche früher auf dem Markt als alle anderen Spargelanbieter in der Altmark. Denn ihre Spargelfelder in Polde liegen direkt an der Elbe.

Woran erkenne ich frischen Spargel?

Frischer Spargel hat eine glänzende Schale. Mit einem leichten Druck erzeuge ich sehr saftige Schnittstellen. Die Stangen sind fest und lassen sich nicht biegen.
An matter, grauer oder bräunlicher Schale ist abgelagerter Spargel unschwer zu erkennen. Die Schnittstellen sind dann auch trocken bis holzig.

Weshalb ist Spargel gesund?

Asparagus galt den alten Römern als Heilpflanze. Er ist harntreibend und im Mittelalter verwendete man ihn gar gegen Zahnschmerzen.
Ein Pfund Spargel deckt den Tagesbedarf eines Erwachsenen an Vitamin C.
Die im Spiegel enthaltene Asparaginsäure regt die Nierentätigkeit an. Sie befördert auch Kaliumsalze und Aromastoffe, die die Darmtätigkeit fördern. So werden schädliche Stoffwechselprodukte schneller ausgeschieden. Ein Spargelfußbad soll bei schmerzenden Füßen helfen. Den Extrakt der Spargelwurzel, das sei hier auch verraten, haben Ägypter und Perser als Aphrodisiakum genutzt. Aber auch die Spargelstangen enthalten viele Spurenelemente, dabei auch Molybdän und Zink, die beide sexuell anregend wirken sollen.

Spargelhof Kalkofen
Carmen Kalkofen, Mühlenstraße 4, 39517 Cobbel
Tel.: 03935/212094, Fax: 03935/926964
kalkofen.cobbel@t-online.de, www.spargelhof-kalkofen.de

Kalkofens Spargeleintopf

1,5 kg mehlig kochende Kartoffeln „Adretta"
500 g Spargel
30 g Mehl
1/4 l Milch
40 g Butter, Salz

Die geschälten und gewaschenen Kartoffeln in kleine Würfel schneiden und in einem Topf mit gesalzenem Wasser gar kochen. Den Spargel in 3 Zentimeter lange Stücke geschnitten in einem Extratopf in gesalzenem Wasser dünsten.
Butter und Mehl zu einer hellen Einbrenne verarbeiten, mit Milch ablöschen, mit Salz und Spargelwasser abschmecken. Spargel und Kartoffeln darin verrühren.

Cobbeler Grünspargelsuppe

Grüner Spargel wird nach und nach en vogue. Auf dem Spargelhof Kalkofen in Cobbel wird alljährlich zu Himmelfahrt das Hoffest gefeiert. Dazu gibt es traditionell die Cobbeler Grünspargelsuppe. Grüner Spargel wird nicht geschält und ist nahezu faserfrei und deshalb sehr gut zum Pürieren geeignet. Genau das geschieht mit ihm für diese Suppe.

2 kg Grünspargel
1 Becher süße Sahne oder Crème fraîche

Für die Brühe:
1 kräftiges Suppenhuhn vom Bauern
2 l Wasser
Sellerie, Schnittlauch, 1 Stange Porree
Salz, Pfeffer, Muskat, Zucker
Spargelkochwasser

Gewaschenen Spargel in kochendes, gesalzenes Wasser geben, bis er gar ist. Dann herausnehmen, in halbfingerlange Stücke schneiden und in einem Mixer pürieren. An das Püree 1 Becher süße Sahne oder 1 Becher Crème fraîche rühren. Etwas Spargelkochwasser aufheben.
Die Hühnerbrühe mindestens 1 Stunde, möglichst aber 2 Stunden köcheln. Dafür das Gemüse waschen, putzen und in fingergroße Stücke schneiden. Ist das Huhn gar, Fleisch und Gemüse herausnehmen, die Brühe durch ein Haarsieb seihen. In die klare Brühe den pürierten Spargel einrühren. Nach Möglichkeit mit dem Kochwasser des Spargels noch ein wenig auffüllen.
Abschmecken mit Salz, weißem Pfeffer und 1 Prise Zucker.

Ein kleiner Tipp:
Sollte man Bleichspargelwasser vom Spargelkochen übrig haben, kann man die Hühnerbrühe und das Spargelwasser je zur Hälfte mischen. Das unterstützt den kräftigen Spargelgeschmack.

Cobbeler Butterspargel mit Schnitzel und Kartoffeln

Das beste Fleisch für ein Schnitzel liefert nach wie vor das Kalb. Aber auch Schwein, Pute, Hahn oder auch Rind können prächtige Schnitzellieferanten sein. Ein gutes Schnitzel sollte etwa 200 g haben. Für das folgende Rezept werden Schweineschnitzel nach traditioneller Art verwendet. Die „Hauptperson" bleibt der Spargel.

Für den Spargel:
2000 g Spargel „Kalkofens Bester"
½ l Wasser (soviel, bis der Spargel bedeckt ist)
Salz, Zucker
40 g Butter, Semmelbrösel

Für die Kartoffeln:
600-800 g mehlig kochende Kartoffeln „Adretta"
Wasser, 40 g Butter
Petersilie

Für die Schnitzel:

4 Schweineschnitzel zu je 200 g
Salz, weißer gemahlener Pfeffer
2 Eier, 2 EL Mehl
6 EL Semmelbrösel
1 Zitrone in 4 Zitronenspalten
40 g Butterschmalz

Spargel mit einem Spargelschäler von der Schnittstelle hin zum Kopf schälen. Dann in 4 Portionen bündeln und mit Küchengarn zusammenbinden. Die Enden großzügig abschneiden. Spargelbündel in das kochende gesalzene Wasser geben. 1 Prise Zucker, nach Möglichkeit braunen Rohrzucker und etwas Butter zufügen. Der Spargel sollte noch bissfest sein. Legt man ihn über die Gabel, neigt er sich nur leicht zu den beiden Enden hin.
Wenn Kartoffeln und Schnitzel soweit sind, Butter in einer Pfanne zerlassen, bis sie ganz leicht Farbe hat. Dann Semmelbrösel auf den Spargel geben und die ausgelassene Butter darüber gießen. Die Semmelbrösel halten die Butter auf dem Spargel.
Die Kartoffeln in gesalzenem Wasser kochen, bis sie gar sind. Dann pellen und mit reichlich fein geschnittener Petersilie bestreuen.
Vor dem Würzen und Panieren die Schnitzel mit Zitronensaft beträufeln und so 1 Stunde stehen lassen. Dann die Schnitzel mit Salz und Pfeffer würzen. Die Eier auf einem tiefen Teller verquirlen, Mehl und die Semmelbrösel auf je einen flachen Teller geben. Die gewürzten Schnitzel nun im Ei und im Mehl wälzen, danach in den Semmelbröseln. Nun in der Pfanne auf beiden Seiten bei nicht zu großer Hitze in 8 bis 10 Minuten goldbraun braten.

Spargel mit Buttercreme

1 kg Spargel
250 g ungesalzene Butter
3 Eier, 1 EL süße Sahne
Saft von 1/2 Zitrone
Salz, Muskat

Den geschälten Spargel in 4 Portionen gebündelt in gesalzenem, kochenden Wasser gar kochen. Die Butter schaumig rühren. Nach und nach 3 Eigelb, 1 EL Sahne und Zitronensaft dazugeben. Mit Salz und ein wenig Muskat die Buttercreme abschmecken.
Zu diesem Gericht gibt es keinerlei andere Beilage. Es soll der feine Geschmack durch nichts abgelenkt werden.

Spargelsalat

2 kg Spargel
1 Zitrone
ein wenig Spargelsud
Essig, Salz, Pfeffer
Schnittlauch, Petersilie

Den Spargel in kochendes, gesalzenes Wasser legen, bis er bissfest ist. Aus dem Sud nehmen und nach dem Abkühlen in etwa 3 cm lange Stücke schneiden. Aus dem Spargelsud, dem Zitronensaft und etwas Essig eine Soße rühren, mit Salz und Pfeffer abschmecken. Schnittlauch in feine Ringe schneiden und unterrühren, bzw. über den Salat geben. Die fein geschnittene Petersilie gleichfalls über den Salat streuen.

Frikassee mit Spargel

1 kräftiges Suppenhuhn vom Bauern, 1 kg bis 1,3 kg
2 l gesalzenes Wasser
Lauch oder Porree, 1/2 Sellerie
Petersilie
500 - 1000 g Spargel
200 g Butter
1 1/2 Zwiebeln
1 Zitrone
Hühnerbrühe
1 Flasche Weißwein von Saale-Unstrut
1 Becher süße Sahne
Dill, Petersilie, Liebstöckl, Sellerieblätter
Sahne, Mett

Sellerie putzen, waschen und in Würfel schneiden. Lauch oder Porree putzen, waschen und in Ringe schneiden. Die Petersilie waschen und klein schneiden. Das Suppenhuhn innen und außen ausspülen, salzen und in einem entsprechend großen Topf, zusammen mit dem Gemüse, köcheln, bis es gar ist.
Das Mett oder Gehackte mit Pfeffer und Salz gewürzt, mit eingeweichter, altbackener Semmel und Semmelbrösel vermengt, zu kleinen runden Bällchen formen und mit heißem Wasser leicht abkochen. Topf vom Herd nehmen und abstellen.
Den Spargel schälen, auf halbe Fingerlänge schneiden und, gerade von Salzwasser bedeckt, bissfest kochen.
Die Brühe durch ein feines Sieb in einen zweiten Topf seihen und ebenfalls abstellen. Das Huhn häuten, Fleisch auslösen und in Stücke von 2 mal 2 Zentimeter schneiden.
Die geschälten Zwiebeln feinwürflig geschnitten in einen Topf mit zerlassener Butter geben. Ebenso die Lorbeerblätter, die Pimentkörner sowie die geriebene Schale der Zitrone. Das Ganze langsam dünsten. Es darf nicht braun werden! Die Zutaten aus der Butter (Lorbeer, Piment, Reste der Zitronenschale) entfernen. Die Butter mit Mehl andicken, leicht erhitzen, nicht anbrennen lassen - das ist bei einer Mehlschwitze die Devise. Die Einbrenne mit dem Weißwein ablöschen und mit der Brühe sowie nach Bedarf mit Weißwein und Zitronensaft auffüllen. Die Soße abschmecken und etwa 10 Minuten köcheln lassen. Die Fleischstücke, die abgekochten Fleischklößchen und den Spargel dazugeben, alles kurz aufkochen, die süße Sahne unterrühren. Vor dem Servieren fein geschnittene Petersilie, Dill, Liebstöckel- und Sellerieblätter unter das Frikassee mischen.
Als Beilage empfehlen sich mehlig kochende Kartoffeln „Adretta", Reis oder einfach nur Weißbrot.

Spargelsalat „Kalkofens Sanssouci"

Für den Salat:
500 g Spargel
1 Prise brauner Zucker
1 gegrilltes Hähnchen
6 Artischockenherzen aus dem Glas

Für die Soße:
4 EL saure Sahne
4 EL Vollmilch-Joghurt
Salz
Paprika edelsüß
1 EL Weinbrand
4 EL gehackte Kräuter

Geschälten Spargel in Salzwasser mit etwas braunem Zucker etwa 15 bis 18 Minuten kochen. Den Spargel aus dem Sud heben. Abtropfen und in kleine Stücke schneiden.
Das Grillhähnchen enthäuten, entbeinen und das Fleisch klein schneiden. Die Artischockenherzen aus dem Glas nehmen, abtropfen lassen, halbieren und vorsichtig mit dem Spargel und dem Hähnchenfleisch vermischen.
Die Zutaten für die Soße vermischen, die Soße über den Salat geben. Das Ganze etwa 30 Minuten ziehen lassen. Dann den Spargelsalat mit etwas gehackter Petersilie bestreut servieren.

Die „Kräuterfee" aus der Stadt der einhundert Brücken

Die Kräuterfee als Großmutter: Ruth Schwarzer ist stolz, dass Enkeltochter Nathalie sich mit sechs Jahren schon bestens auskennt und der Großmutter als Nachwuchsfee im ähnlichen Kostüm zur Seite steht (Foto rechts).

Kalbe/Milde ist ein kleines Städtchen mitten in der Altmark. Die Stadt der einhundert Brücken kann mit der Burginsel Kalbe aus dem 10. Jahrhundert, dem „Alten Wachhaus" von 1584, der rokokoklassizistischen Feldsteinkirche von Wernstedt und dem Hünengrab in Winterfeld auf etliche Sehenswürdigkeiten hinweisen.

Im „Garten der Sinne"

Wüsste man es nicht, würde man an den beiden überdimensional gewachsenen Kletterrosen vor dem ältesten Bürgerhaus Kalbes, links und rechts der Tür, und Anfang Juli in voller Blüte stehend, erkennen, dass hier eine Frau zu Hause ist, die ein ganz besonderes Verhältnis zu ihren Pflanzen haben muss. Ruth Schwarzer ist die Kräuterfee von Kalbe/Milde. „Auf Heilpflanzen verstehe ich mich nicht. Meine Sache ist alles, was schmeckt", lacht sie vergnügt und erläutert, dass sie sich deshalb „Kräuterfee" und nicht „Kräuterhexe" nennt. „Feen – das sind gestandene Frauen, die ein ganz besonderes Spezialwissen haben und das auch für die Menschen einsetzen. Feen werden gern mit Elfen verwechselt. Sie wissen schon, die jungen, durchscheinenden Dinger, die man hier und da in romantischen Ecken der Parks und Gärten vermutet. Aus dem Alter bin ich freilich heraus." Mit ihrem stillvergnügten Humor, der ihr manchen Lebenskummer ertragen half, sie aber auch in den vielen Lebens- und Berufswendungen seit der Wende 1989 immer wieder eine Nische finden ließ, in der sie ihren Lebensunterhalt zu verdienen vermochte, hat sie eine beneidenswerte Gabe. Ruth Schwarzer ist die Tochter eines Altmärker Landwirts und einer Apothekerin. Der Großvater war Pfarrer in der Altmark. Ihr enges Verhältnis zu Pflanzen erlernte sie bei ihrem „Kindermädchen", dem blinden Onkel Wilhelm. Er brachte ihr bei, Pflanzen nicht nur anzuschauen, sondern sie auch anzufassen, zu betasten, zu riechen und zu schmecken. Achtzehn verschiedene Vorträge kann die Ingenieurpädagogin für Gartenbau heute anbieten. Viel Spaß macht es ihr, Schulklassen durch ihren „Garten der Sinne" zu führen.

Ruth Schwarzer, Ingenieurpädagogin für Gartenbau
„Garten der Sinne" und Pension, Gardelegener Straße 40, 39624 Kalbe/Milde
Tel.: 039080/3418, Funk: 0173/8221857, pension-kraeuterfee@gmx.de

Wildkräutercrémesuppe mit Pimpinelle

1 l Wasser
insgesamt 3 Doppelhände Wildkräuter
(je nach Jahreszeit) und, bitte, nur junge Blätter!
Zur Auswahl stehen junge Blätter von:
Brennnessel
Melde
Spitzen vom Labkraut (Klebekraut)
Löwenzahn
Franzosenkraut
Rotklee
2 Blätter Giersch
2-3 Blätter Sellerie
1 Hand voll Pimpinelle

0,5 l Kochwasser vom Gemüse
0,5 l Leitungswasser
1 Becher saure Sahne
50 g Butter
5-6 EL Mehl

Die Wildkräuterblätter drei Minuten blanchieren, wobei das Wasser nur kurz aufkochen darf. Das Wasser muss hellgrün bleiben. Wenn es dunkel wird, schmeckt es bitter. Die blanchierten Kräuterblätter im Mixer klein häckseln oder durch ein Sieb streichen.
In einem Topf aus Mehl und Butter eine helle Schwitze herstellen und je zur Hälfte mit Koch- und Leitungswasser auffüllen. Kurz aufwallen lassen, mit frischer Sahne abschmecken und nach Geschmack mit Salz, Pfeffer und Muskatnuss abrunden. Mit frisch gehackter Pimpinelle bestreut servieren.

Meldesalat der Kräuterfee

2 Doppelhände voll junger Meldeblätter
Walnussöl, 1 Zitrone, 1 EL Honig

Von der Melde die Blätter abstreifen und mit Öl, Zitrone und Honig nach Geschmack anrichten. Statt Melde lassen sich auch junger Rotklee oder Rapunzeln, mithin der wilde Feldsalat, für den Salat verwenden.

Frühjahrs-Wildkräuterauflauf aus dem „Garten der Sinne"

<u>Für das Gemüse:</u>
8 Hand voll junge Brennnesselblätter
4 Hand voll junge Löwenzahnblätter
Wasser, Salz

<u>Für die Auflaufmasse:</u>
0,5 l Milch
0,5 l Kochwasser vom Gemüse
5-6 EL Dinkelmehl
2 Eier
Salz, Pfeffer, Muskatnuss
1 TL Gemüsebrühe
5 Scheiben Käse
50 g Butter für Butterflocken
50 g Butter für die Auflaufform
Gundermann als frisches Grün nach dem Backen

Das Wildgemüse in heißem leichtem Salzwasser kurz blanchieren, keinesfalls länger als 3 Minuten. Dann die Gemüsebrühe über ein Sieb abgießen. Bitte die Brühe für spätere Verwendung in einem Topf auffangen. Die Auflaufform mit Butter fetten. Die abgetropften klein geschnittenen Blätter in die Auflaufform geben.
Für die Auflaufmasse zur Hälfte Milch und Gemüsesud in einen ausreichend großen Topf geben. (Durch die Milch wird die Kiesel-

säure des Wildgemüses ausgeglichen.) Die übrigen Zutaten in die Flüssigkeit einrühren und alles aufkochen lassen. Anschließend den Sud heiß über das Gemüse in der Auflaufform gießen. Den Auflauf 15 Minuten in der Backröhre bei E 200 °C (Gas Stufe 3) backen. Den Wildkräuterauflauf mit klein gehacktem Gundermann und Butterflöckchen verfeinern.

Tipp:
Im Sommer empfehlen sich für den Wildkräuterauflauf statt des Löwenzahns Rotklee, Franzosenkraut oder Melde. Die Brennnesseln lassen sich durch ständigen Beschnitt jung halten.

Rote Grütze „Jahreszeiten"

Für die Grütze:
ca. 500 g frisch entsteinte Sauerkirschen oder
1 Glas Sauerkirschen auf ca. 1 l Flüssigkeit auffüllen
mit Wasser oder Saft aus dem Glas Sauerkirschen
250 g Grieß auf einen Liter Flüssigkeit
Zucker nach Geschmack

Für die Soße:
1/2 l Milch
1 Päckchen Vanillesoße
Zucker lt. Anweisung oder Geschmack

Sauerkirschen, Grieß und Zucker nach Geschmack miteinander aufkochen. Unmittelbar nach dem Aufkochen die Grütze in eine kalt ausgespülte Schüssel einlaufen lassen. Für die Soße die Milch mit Vanillesoße und Zucker lt. Anweisung aufkochen.
Die Grütze auskühlen lassen und dazu die Vanillesoße servieren – was für eine Köstlichkeit.

Tipp:
Die Rote Grütze lässt sich auch mit Brombeeren oder Himbeeren, je nach Jahreszeit, herstellen.

Altmärker Klümp

1 l Milch, 1 Prise Salz
500 g Grieß, 7 Eier
1 EL Butter

Die Milch mit dem Salz (und gegebenenfalls Zucker) aufkochen. Den Grieß unter ständigem Rühren in die Milch geben. Sobald er fest geworden ist, löst er sich vom Topf. Diesen Vorgang nennt man das Abbrennen des Grießkloßes. Den Topf vom Herd nehmen, 2 bis 3 Eier sowie die Butter unterrühren und die Mischung kalt stellen. Nach dem Erkalten die restlichen Eier anrühren und unterziehen. Mit einem Esslöffel die Klöße abstechen und in die Suppe geben.

Tipp:
Bei süßem Klümp setzt man Zucker nach Geschmack hinzu.

Birnensuppe mit Klümp

2 kg Birnen
2 l Wasser
ca. 2 cm Zimtstange
4-5 Nelken

Die Birnen schälen, halbieren, Kerngehäuse und Birnenstiel entfernen. Die Birnen jeweils in 8 Spalten schneiden und zusammen mit den Gewürzen 5 Minuten im bereitgestellten Topf kochen. Die inzwischen garen Grießklößchen in die Suppe geben und solange ziehen lassen, bis sie oben schwimmen.
Birnensuppe mit Klümp wird durchaus auch als Hauptgang gereicht.

Beschwingte Weinsuppe

ein Schwarzersches Familienrezept

1/2 l Wasser, 1/2 l Weißwein
150 bis 200 g brauner Zucker
3-4 Nelken
1-2 Scheiben Öko-Zitronen
1,5 bis 2 cm Zimtstange
3 Eier, 1 Prise Salz
30 g Stärkemehl

Wasser, Wein und Gewürze zum Kochen bringen. Die Eier trennen. Das Stärkemehl und das Eigelb mit etwas Wasser verquirlen, langsam, unter ständigem Rühren, in die heiße Flüssigkeit einbringen. Inzwischen das Eiweiß mit 1 Prise Salz steif schlagen und in Häufchen auf die Suppe geben. Die Suppe wärmt im Winter gut durch.

Kalbenser Kräuterbutter

1/3 Petersilie
1/3 Pimpinelle
1/3 andere Kräuter (1/2 Blatt Salbei,
2 Pfefferminzblätter, 3-4 Stiele Oregano,
1 Stiel Thymian, 1 Stiel Zitronenthymian,
1 Stiel Bergbohnenkraut, 4 Ysopblätter.
Nach Geschmack kann man auch Dill zufügen.)
Für 1 Stück Butter verwendet man Kräuter in
der Menge von 2 Bund.

Die über Nacht angewelkten Kräuter – nur die Blätter! – im Mixer fein häckseln. Das Anwelken empfiehlt sich, damit sich die Kräuterbutter länger hält. Die zerkleinerten Kräuter mit einer Prise Salz in die zimmerwarme Butter mischen.

Altmärker Nusstorte

Zutaten für eine 26er Springform oder
2 Königskuchenformen

Für den Teig:

3-4 Eigelb
Eiweiß der Eier
250 g brauner Zucker
250 g Mehl
1 kleine Tasse Milch
1/2 Päckchen Backpulver
1 Päckchen Vanillinzucker

Für die Nusscréme:

1 bis 2 Päckchen Vanillepuding für 1/2 l Milch
2 EL Kokosfett
6 EL geriebene Walnüsse
geviertelte Walnüsse

Die Eigelb mit dem Zucker sahnig rühren. Die Milch langsam unterrühren und die übrigen Zutaten hinzugeben. Das Eiweiß mit einer Prise Salz zu Eischnee schlagen und unter den Teig heben. Der Altmärker bevorzugt für die Nusstorte die Königskuchenform. Die Form fetten und ausbröseln. Dann den Teig hineingeben und bei 170° C ca. 50 Minuten backen.
Nach dem Backen aus Milch und der entsprechenden Menge Puddingpulver einen Vanillepudding kochen. In den heißen Pudding das Kokosfett rühren, damit die Masse eine gewisse Festigkeit bekommt. Den Pudding abkühlen lassen. Dann die geriebenen Walnüsse unterziehen. Nun die Torte aufschneiden, mit der Créme bestreichen und mit den Nussvierteln garnieren.

Lindenblütengelee

2 Doppelhände voll Lindenblüten
1 l Wasser
500 g Gelierzucker (2:1)
1/3 TL Zitronensäure

Die Lindenblüten mit den „Fähnchen" in einen Zweiliter-Topf füllen. Den Topf mit 1 l Wasser auffüllen, bis die Blüten bedeckt sind, nun aufkochen lassen. Den Sud über Nacht stehen lassen.
Den entstandenen Saft über ein Sieb in einen anderen Topf abgießen. 0,75 l Saft mit dem Gelierzucker versetzen. Zur Abrundung des Geschmacks 1/2 TL Zitronensäure hinzugeben.

Bowle von der Kartoffelrose

1 Doppelhand voll Blüten von der Kartoffelrose
1 Flasche Rot- oder Weißwein
Zucker nach Geschmack

Von den Blütenblättern die bitteren, weißen Spitzen entfernen. Die Blüten in einem Sieb unter fließendem Wasser waschen, abtropfen lassen und in einen entsprechend großen Topf geben. Mit Wein und Zucker ansetzen. Zwei Tage ziehen lassen für einen intensiveren Geschmack. Dann genießen.

Tipp:
Besonders aromatische Eiswürfel lassen sich von Federnelken, Borretsch-, Hornveilchen und Gänseblumenblüten herstellen, indem man jeweils ein bis zwei Blüten in die kleinen Eisförmchen gibt.

Traditionelles aus dem „Venedig des Nordens"

Die einfache Küche ihrer Mutter hatte es Eva-Maria Mittag bereits als junge Frau angetan. Heute noch, in der dritten Generation, wird nach diesen Rezepten bei Mittags gekocht. Eva-Maria Mittag weiß durch viele Begegnungen: So wird in der Altmark nicht nur in ihrer Familie gekocht. Hier ist noch ein Stück überlieferte Altmarkküche lebendig.

Als Venedig des Nordens lässt sich die Hansestadt im Nordwesten der Altmark gern bezeichnen. Die brückenreiche Stadt besitzt einen ganz eigenen Charme und eine Reihe sehr schöner baulicher Überraschungen. Der achteckige Renaissance-Turm des ehemaligen Neustädter Rathauses aus dem 16. Jahrhundert im Zentrum der Stadt ist eine von ihnen. Jenny Marx (1814 – 1881), die Ehefrau des sozialistischen Philosophen, wurde in Salzwedel geboren. Der Gymnasialdirektor, Prähistoriker und Stadtchronist Johann Friedrich Danneil (1783 – 1868) begründete das Dreiperiodensystem (Stein-, Bronze- und Eisenzeit). Ihm zu Ehren trägt das Kreis-Heimatmuseum seinen Namen.

Aus Großmutters Kochbuch

Eva-Maria Mittag arbeitet im Danneil-Museum als Vorsteherin der 20 000 Bände umfassenden Präsenzbibliothek. Sie ist freilich auch für Verwaltung, Haushaltsführung und für die Museumspädagogik zuständig und steht so manches mal in dieser Eigenschaft in der Zethlinger Langobardenwerkstatt an der Kasse. Geschichte hat sie immer schon interessiert. Sie hätte auch studieren wollen, wäre da nicht der Fluchtversuch der damals Fünfzehnjährigen gewesen, der sie statt in die erhoffte Freiheit für etliche Zeit in ein DDR-Gefängnis brachte. Danach musste man sich erst einmal in der Produktion bewähren. In den siebziger Jahren jobbte sie als Kellnerin. Der Leiter der Salzwedeler Sparkasse, den sie oft zu Mittag bediente, fragte sie, ob sie sich vorstellen könnte, Bankkauffrau zu lernen. Während der Ausbildung lernte Eva-Maria Mittag ihren Mann kennen, zwei Kinder vollendeten das private Glück.

Doch am heimischen Herd zu sitzen, war ihre Sache nicht. Sie arbeitete im Salzwedeler Kulturbund. Später fand sich die ersehnte Stelle im Museum der Stadt. Eva-Maria Mittag qualifizierte sich für die museumspädagogische Arbeit. Historische Rezepte interressieren sie als Hausfrau und Museumsfrau gleichermaßen. Ihre 1877 in Hohenböddenstedt/Altmark geborene Großmutter arbeitete als Kaltmamsell auf einem Gut in Möser. Sie hinterließ der Tochter – und diese dann wiederum ihrer Tochter, nämlich Eva-Maria Mittag – ein selbstgeschriebenes Kochbuch. Aus diesem dürfen wir heute zitieren.

Foto rechts: Das Salzwedeler Danneil-Museum

Foto links:
Die Salzwedeler leben mit ihrem Stadtfluss, der Jeetze
Foto rechts:
Mittags Pause

Riesen in der Altmark

Gegenüber dem Danneilmuseum steht die Marienkirche. Ihr hoher, schiefer Turm ist eine sehenswerte Attraktion, auch für Touristen. Aber wie kam es, dass der Turm so krumm geworden ist?

Früher lebten in der Altmark zahlreiche Riesen. Jan Kahle hieβ einer von ihnen. Es wird von ihm erzählt, dass er ein Feind hoher Kirchtürme war. Kaum hatten die Salzwedeler ihrer Marienkirche den hohen Helm aufgesetzt, überkam Jan Kahle die blanke Wut. Er nahm einen gewaltigen Findling zur Hand und schleuderte den Stein auf den Turm. Doch der Stein traf den Turm und auch das Gotteshaus nicht. Der Findling ging in der Nähe der Marienkirche nieder. Er stampfte eine gewaltige Vertiefung in die Erde, die nach und nach voll Wasser lief. So entstand der Pfefferteich. Der Luftzug von dem vorüberfliegenden Riesenstein und die Wucht des Aufpralls waren so stark, dass der Boden bebte. Davon wurde der Turm so schief, wie er heute noch dasteht.

Eva-Maria Mittag
Johann-Friedrich-Danneil-Museum, An der Marienkirche 3, 29410 Salzwedel
Tel.: 03901/423380, info@danneil-museum.de, www.mv-sachsen-anhalt.de

Altmärkische Hochzeitssuppe

(für 8 Personen)

Um die Altmärker Hochzeitssuppe und wie sie richtig gekocht wird, führt man wahre Glaubenskriege. Deshalb finden Sie in diesem Buch bereits zwei Rezepte. Doch selbst bei siebenundzwanzig verschiedenen Rezepten wäre das eine, einzig richtige, nicht dabei. Das ist eben so. Einig sind sich die Altmärker, dass es diese Suppe zu besonderen Anlässen wie Hochzeiten, Taufen und besonderen Geburtstagen als ersten Gang gibt. Mit Ausnahme der Spargelzeit! Da gilt die Suppe als Samstagsessen. Wichtig ist: Kein Suppengrün darf mehr in der Brühe sein. Aber die Suppe muss eine genügende Einlage haben!

Für die Suppe:
2 l Wasser
1 kg Suppenfleisch vom Schwein oder vom Rind oder
1 Suppenhuhn
2 Bund Suppengrün mit Sellerie, Porree und Möhren
500 g Spargel (gern auch etwas mehr)

Für die Hackklößchen:
500 g Gehacktes vom Schwein oder gemischt von Schwein und Rind
Salz, Pfeffer

Für den Eierstich:
10 Eier, Wasser
Salz, Muskatnuss

Das Suppenfleisch abspülen, in mehrere kräftige Stücke teilen und in den Topf geben. Das Suppengemüse putzen und zerkleinern.
Eine kräftige Fleischbrühe zubereiten. Dafür das Suppenfleisch mit dem Gemüse im Topf etwa 2 Stunden köcheln lassen. Salz nicht vergessen! Danach das Fleisch und Suppengrün aus dem Topf nehmen, die Brühe durch ein Sieb in einen zweiten Topf gießen und die Brühe, mit Salz und Pfeffer abgeschmeckt, weiter köcheln. Den Spargel waschen, schälen und in etwa 2 Zentimeter lange Stücke schneiden. Das Gehackte nun mit Salz und Pfeffer würzen und zu kleinen Klößchen formen. Spargel und Klößchen in die heiße Brühe geben und etwa 20 Minuten köcheln.
Für den Eierstich 10 Eier quirlen und mit 10 Teilen Wasser (1 Teil ist dabei ganz rustikal 1/2 Eierschale voll Wasser!), Salz nach Geschmack und geriebener Muskatnuss in eine Schüssel rühren und im Wasserbad stocken lassen. Dann den Eierstich mit einem Wellenmesser in Würfel von etwa 1 Zentimeter Kantenlänge schneiden und zur Suppe geben. Vor dem Servieren die Altmärker Hochzeitssuppe mit frisch gehackter Petersilie überstreuen.

Soweit so gut, aber was isst der Altmärker, wenn die Hochzeitssuppe alle, die Feier aber noch nicht vorbei ist? Da gibt es beispielsweise das Zungenragout. Das könnte der zweite Gang sein.
Das Salzwedeler Zungenragout wurde aber auch als Abendessen gereicht. Danach gab es beispielsweise noch eine Käseplatte mit Pumpernickel. Übrigens: Verlängern konnte man das Zungenragout auch: Mit dem preiswerteren gekochten Schweineherz. Das wird aber nicht verraten.

Salzwedeler Zungenragout

(für 8 Personen)

4 Schweinezungen
1 Bund Suppengrün
200 g Butter
1 unbehandelte Zitrone, 1 große Zwiebel
5 Lorbeerblätter, 5 Pimentkörner
Mehl
1/2 l trockener Rotwein aus der Saale-Unstrut-Region
1 kg Gehacktes vom Schwein
Salz, Pfeffer, brauner Zucker
1 kg Ragoutwürstchen

Die Zungen waschen und in Wasser mit wenig Salz und dem inzwischen geputzten und klein geschnittenen Suppengrün 1 Stunde kochen lassen. Von den noch heißen Zungen die Haut entfernen, abkühlen lassen. Dann die Zunge in feine Scheiben schneiden. Die Brühe durch ein Sieb gießen, beiseite stellen. Die Butter in einem Topf zerlassen. Die Zitronenschale in den Topf reiben, die Zwiebel geschält und geviertelt dazugeben, ebenso die Lorbeerblätter und die Pimentkörner. Langsam alles hellbraun anrösten. Danach die Zutaten mit der Schaumkelle entfernen. Mehl zu der geschmolzenen Butter geben und bräunen. Die Mehlschwitze darf nicht verbrannt schmecken. Mit der Brühe ablöschen. Dann den Rotwein zugeben.
Das Gehackte mit Pfeffer und Salz ordentlich gewürzt zu kleinen Klößchen von etwa 2 Zentimeter Durchmesser formen. Die Klößchen, die Zungenscheiben und die Ragoutwürstchen in die heiße Rotweinbrühe geben, mit braunem Zucker abschmecken und kurz köcheln lassen. Sollte die Soße noch zu dünn sein, etwas Rotwein mit Mehl anrühren und die Soße damit andicken. Als Beilage Weißbrot.

Unter Ragoutwürstchen versteht man in der Altmark etwa vier bis fünf Zentimeter lange Würstchen, die von Geschmack und Konsistenz in etwa dem Wiener Würstchen entsprechen.

Altmärker Tiegelbraten

(für 8 Personen)

1 kg Hohe Rippe vom Rind
(sollte mit Fett durchzogen sein)
Salz, 5 große Zwiebeln
je 5 Pfeffer- und Pimentkörner
5 Lorbeerblätter
1 runde Kopfwurst
4 x 4 cl Glas Korn
1 Kubel (1 Mischbrot)

Das Fleisch abwaschen, mit Salz einreiben und mit den anderen Zutaten nicht ganz gar kochen. Das Fleisch mit der Gabel herausnehmen, in Würfel schneiden und nochmals in der Brühe kochen. Um der Brühe den richtigen Geschmack zu geben, obenauf eine runde Kopfwurst mitkochen. Die Kopf- oder Brühwurst klein geschnitten mit in die Brühe geben. Ist das Fleisch gar, den Tiegelbraten entweder mit Misch- oder Weißbrot als Beilage auf tiefen Tellern servieren.
Natürlich darf zum Tiegelbraten der Korn nicht fehlen.

War vorauszuschauen, dass die Familienfeier über den ganzen Tag verlief, reichte man am Vormittag den Tiegelbraten. Er wurde entweder in gusseisernen Tiegeln oder in Grapen, einem in der Altmark lange gebräuchlichen mittelalterlichen Tonkochtopf auf drei Beinen, erhitzt. Eine kleine, runde Kopfwurst lag obenauf.

Unter Kopfwurst, die es im Altmärkischen als runde Kopfwurst oder als Stracke gibt, ist eine Brühwurst zu verstehen. Brühwürste sind durch Brühen, Backen, Braten hitzebehandelte Wurstwaren, bei denen zerkleinertes, rohes Fleisch mit Kochsalz unter Zusatz von Trinkwasser oder Eis aufgeschlossen wurde und deren Muskeleiweiß bei der Hitzebehandlung ausgeflockt ist. Das ist der Grund, weshalb Brühwürste bei neuerlichem Erhitzen schnittfest bleiben.

Hühnerfrikassee nach Altmärker Art

(für 8 Personen)

Wir sind immer noch bei den großen Feiern in der Altmark. Das Hühnerfrikassee gab es als Alternative zum Zungenragout als zweiten Gang. Als Abendessen wird es bis heute mit Weißbrot gereicht.

1 kräftiges Suppenhuhn vom Bauern
Suppengrün mit Sellerie, Möhren und
Lauch oder Porree
1 kg Gehacktes vom Schwein
Salz, Pfeffer, 125 g Butter
1 große Zwiebel, 1 Zitrone
5 Lorbeerblätter, 5 Pimentkörner
1 l trockener Weißwein aus der Saale-Unstrut-Region
Mehl zum Andicken
1 kg Ragoutwürstchen

Das Gemüse putzen und waschen. Den Sellerie in Würfel, die Möhren in Scheiben und den Porree in Ringe schneiden. Das Suppenhuhn innen wie außen abspülen, innen und außen salzen und zusammen mit dem Gemüse köcheln lassen, bis es gar ist.

Das Gehackte mit Pfeffer und Salz würzen, vermengen und zu 2 Zentimeter großen Hackklößchen formen. Diese in heißem Wasser leicht abkochen. Anschließend den Topf vom Herd nehmen.
Die Brühe durch ein feines Sieb in einen zweiten Topf seihen und abstellen. Dem Huhn in der Zwischenzeit die Haut abziehen, das Fleisch auslösen und in Stücke von etwa 2 mal 2 Zentimeter schneiden. In einem Topf die Butter zerlassen, die geschälte und geviertelte Zwiebel, die Lorbeerblätter, die Pimentkörner sowie die geriebene Schale der Zitrone hineingeben und das Ganze langsam dünsten lassen. Es darf keinesfalls braun werden!
Dann die Zutaten aus der Butter entfernen und mit Mehl andicken. Die Mehlschwitze mit 3/4 l Weißwein ablöschen und mit der Brühe, dem restlichen Weißwein und dem Saft der Zitrone auffüllen. Die Soße mit Zucker abschmecken und etwa 10 Minuten köcheln lassen. Die Fleischstücke, die abgekochten Fleischklößchen und die Ragoutwürstchen in die Brühe geben, kurz aufkochen lassen.

Zitronencréme nach Salzwedeler Art

(für 8 Personen)

4 ganz frische Eier vom Bauernhof
6 EL Zucker, 10 g Gelatine
Saft von 2 unbehandelten Zitronen
Abrieb von 1 Zitrone

Die Eier trennen. Das Eigelb mit Zucker sehr schaumig rühren. Den Zitronensaft, abgeriebene Schale einer Zitrone und die eingeweichte Gelatine dazugeben. Sobald die Masse sich bindet, den steif geschlagenen Eischnee unterheben. Die Masse in Gläser füllen, kühl stellen. Mit Schlagsahne servieren.

Von Kagelwit und Schweineohren

Die Gäste fühlen sich in der Kantorenwohnung pudelwohl. Die kleine und dunkle Bügelstube ist der willkommene Ort für Liebespärchen.

Kaiser Karl IV. (1316-1378) starb zu früh, sonst hätte die Hauptstadt der Deutschen womöglich doch Tangermünde geheißen. Des Bierpreises wegen jagte man hier auch schon mal den preußischen Kurfürsten aus der Stadt. Dass Grete Minde die Stadt angezündet haben soll und man sie darum selbst ins Feuer gab, war als Stoff für Theodor Fontane wie geschaffen. Die DEFA nahm die Stadt gern als Kulisse für ihre bezaubernden Märchenfilme. Ihre Störche, die im Tiefflug durch die engen Straßen und Gassen rauschen, lieben die Altmärker besonders. Aber auch Touristen können sich nicht beklagen.

Dem Tangermünder Schulmeister in die Küche geguckt...

„Sehr geehrte Gäste, wir heißen Sie herzlich in unserem alten Haus, das einst Schul- und Wohnhaus war, willkommen..." So steht es in feiner Sütterlin-Schrift auf der linken Seite der im Flair eines alten Schulheftes gehaltenen Speisekarte. Geschichte und Geschichten aus Tangermünde liest man da. Die Geschichte der Grete Minde, die im 17. Jahrhundert die Hansestadt abgebrannt haben soll und dafür ins Feuer musste. Hinter „Tafellappen voll Kreidestaub" verbirgt sich Eierkuchen mit Zucker, Apfelmus oder Marmelade, bei „Pferdeäpfeln aus der Futtermolle" erhält der Gast Pferdebouletten in einer Holzmolle mit Sauerkraut, Mostrich und Bratenstulle. Der Grund: Unterhalb der Gaststuben ist die alte Furt durch die Elbe. Der studierte Betriebswirt Tiemo Schönwald und geistige Vater der „Exempel Gaststuben" wundert sich noch heute, wie er zu diesem Gasthaus kam. Seine Mutter ist eine begeisterte Sammlerin „alles Alten", beispielsweise alter Schulbänke. Wer in Tangermünde seinen alten Kram los sein wollte, lud ihn bei Schönwalds ab. Die Schwester kaufte das alte Kantorenhaus dicht neben der Stadtkirche. Die romantische Lage, der geringe Preis sprachen dafür. Aber was macht man mit einem solchen alten Haus? Zunächst dachten Schönwalds an eine Art privates Heimatmuseum mit Bierausschank. Aber die Versuche dahin scheiterten, bis schließlich die Idee mit dem historischen Gasthaus ausgebrütet war. Auf Plänen von 1846 datiert die heutige Raumaufteilung in Schulzimmer, Küche, Gute Stube, Schlaf- und Bügelzimmer. Heute sind die Gaststuben weit über Tangermünde hinaus bekannt.

Foto rechts: Tangermünde, Blick über die Elbe

Kagelwits List

Dietrich Portitz, wegen seiner weißen Zisterzienser-Kapuze genannt „Kagelwit", stammt aus einer Stendaler Patrizierfamilie. Der Zisterzienser-Mönch bekleidete mehrere Bischofsämter. Als des Kaisers „rechte Hand" wurde er 1361 als Theodericus (Dietrich) Erzbischof von Magdeburg und 1362 auf drei Jahre Mitregent des Markgrafen von Brandenburg. Damit war er nach dem Kaiser der wichtigste und mächtigste Mann im Reich.

Kagelwit soll auch ein heute noch beliebtes, altmärkisches Gericht erfunden haben. Als Kaiser Karl unangemeldet nach Tangermünde kam, verlangte er eine kräftige Abendmahlzeit, ohne dass ein Tier dafür geschlachtet würde. Kagelwit setzte ihm einen herzhaften Eintopf vor – für den einige Schweine nur die Ohren und Schwänze hergeben mussten! Das Gericht des Kaisers, Erbsensuppe mit Schweinsohren oder auch Erbsen mit Sauerkohl und Schweinsohren, ist seit der Zeit ein beliebtes Gericht in der Altmark.

Tiemo Schönwald
Exempel Gaststuben, Kirchstraße 40, 39590 Tangermünde
Tel.: 039322/44899, www.Exempel-Gaststuben.de

Tangermünder Hochzeitssuppe

Für die Suppe:

2 l Wasser, 800 g Hühnerklein
1 Möhre
1/2 Porreestange
1 Scheibe Sellerieknolle
4 Stangen Spargel, auf 2 cm geschnitten

Für den Eierstich:

3 Eier, 3 EL Milch
Salz, etwas Muskatnuss

Für die Hackklößchen:

300 g Schweinegehacktes
etwas Semmelmehl, 1 Ei
Pfeffer, Salz
1 l Salzwasser

Das Hühnerklein 30 Minuten bei mittlerer Hitze kochen. In der Zeit etwa 3 bis 4 mal abschäumen. Nach dem Kochen das Wasser wieder auf 2 Liter auffüllen und das Gemüse, mit Ausnahme des Spargels, hinzugeben. Die Suppe etwa 1 1/2 Stunden köcheln lassen.
Inzwischen für den Eierstich Eier, Milch und Gewürze verrühren. Dazu eine kleine Schüssel ausfetten und die Masse dann hineingeben. Im Wasserbad erhitzen, bis sie fest ist, für „moderne Köche" wird auf 4 Minuten Mikrowelle verwiesen.
Das Gehackte mit Semmelmehl, Ei und Gewürzen zu einer Masse verkneten, kleine Bällchen daraus formen und in Salzwasser abwellen.
Nach Ende der Garzeit die Brühe durch ein Sieb geben, den Eierstich, die Hackklößchen und Spargelstücke dazugeben.

Kaiserliche Mahlzeit - Schweinsohren und Erbsen

Für die Schweineohren:

2 l Wasser, Salz
1 Lorbeerblatt, 8 Pimentkörner
1 Zwiebel
8 Schweineohren
50 g Butter

Für das Erbspüree:

600 g gelbe Erbsen
300 g Kartoffeln
Salz, Pfeffer, Majoran

Für das Sauerkraut:

200 g Speck, 800 g Sauerkohl
2 Lorbeerblätter
8 Pimentkörner
gehackte Petersilie

Das Wasser, die Gewürze und Zwiebel in einen angemessenen Topf hineingeben und zum Kochen bringen. In das kochende Wasser die Schweinsohren geben und etwa 1 1/2 Stunden köcheln lassen. Die Ohren aus dem Topf zum Abtropfen in ein Sieb heben, trockentupfen und noch einmal kurz in Butter anbraten.
Zwischenzeitlich Erbsen und Kartoffeln separat in Salzwasser kochen. Gare Kartoffeln abschütten, die Erbsen in ein Sieb geben. Nach dem Abtropfen Kartoffeln und Erbsen, je für sich, pürieren. Die Gewürze hinzugeben, alles fein abschmecken und warm stellen.
Parallel dazu den Speck auslassen, das Sauerkraut zufügen, ebenso die Gewürze. Nach ca. 30 Minuten Köcheln Lorbeerblätter und Pimentkörner entfernen und das Sauerkraut mit den Schweinsohren, dem Erbspüree und den Kartoffeln auf Tellern anrichten.
Erbspüree und Sauerkraut ergänzen sich farblich sehr gut, vom deftigen Geschmack her sowieso.

Pferdeäpfel aus der Futtermolle

(für 2 Personen)

Unweit der Gaststätte liegt die alte Furt, an der früher sowohl ehrbare Händler als auch allerhand Gesindel zu Fuß oder auf dem Pferdewagen den Strom überquerten. In Erinnerung daran entstand das folgende Gericht. Die Molle darf der Gast mit nach Hause nehmen.

Für das Mett:
300 g Pferdemett
100 g Schweinemett
1 kleines Ei
1 Zwiebel
Salz
Pfeffer
Sonnenblumenöl zum Braten

Für das Sauerkraut:
1 Zwiebel
400 g Sauerkraut
40 g Schweineschmalz
50 g Schinkenwürfel

Für die Beilage:
2 Sauerteigbrotschnitten

Die Zwiebel schälen und in Streifen schneiden. Das Pferdemett mit dem Schweinemett, dem Ei, Salz, Pfeffer und der Zwiebel vermengen und zu 6 Bouletten formen. Die Bouletten mit etwas Öl nicht zu schnell in einer Pfanne braten.
Für das Sauerkraut die Zwiebel in Würfel schneiden und mit den Schinkenwürfeln in Schweineschmalz anbraten. Wenn die Zwiebelwürfel glasig sind, das Sauerkraut zugeben. Damit es nicht anbrennt, das Kraut bei Bedarf mit etwas Wasser ablöschen.
Zum Schluss die beiden Sauerteigbrotschnitten im Fett der Bouletten wenden und braten. Nun das Ganze auf einem Holzteller oder in der kleinen Molle anrichten und servieren.

Kommt man in die ehemalige Küche des Lehrers, stehen auf alten Herden drapiert die Köstlichkeiten der Saison wie Rhabarberkuchen oder Holunderblüten. Gibt die Saison nicht so viel her, befindet sich auf jeden Fall die legendäre „Tangermünder Nährstange“ im Angebot, zu DDR-Zeiten ein Kultartikel schlechthin.

Holunderblüten, in Eierkuchenteig gebacken

Holunderblüten

Für den Eierkuchenteig:
2 Eier
300 g Mehl
1/2 TL Backpulver
1/2 TL Vanillinzucker
1/2 l Milch

Aus den Teigzutaten einen dickflüssigen Brei rühren. Die Holunderblüten waschen, abtropfen lassen. Dann in den Brei tunken und bei 180 °C frittieren.

Stephanskirche
in Tangermünde

Essen wie die Langobarden von Zethlingen

Hinter einem Palisadenzaun versteckt, liegt das Langobardendorf idyllisch auf dem Mühlberg, einer alten, sehr großen Gräberstätte der Langobarden, die offensichtlich aus einem Umkreis von 25 Kilometern beschickt wurde.

Zethlingen ist ein Ort von 350 Einwohnern in der Altmark, 25 Kilometer südlich von Salzwedel, den man trotz frühgotischer Feldsteinkirche kaum aufsuchen würde, außer man hätte Verwandtschaft, gäbe es da nicht die unweit gelegene Langobardenwerkstatt auf dem Mühlenberg.

Was die Langobarden aßen, bevor sie in die Lombardei zogen

Ehrlich, jedes Wochenende zur Grillzeit Bratwürste, Grillsteak oder Grillfisch... Wie wäre es denn, wollte man mal kochen wie die Langobarden oder die Römer. So wie an den Wochenenden in der Langobardenwerkstatt auf dem Zethlinger Mühlberge.

Immerhin nimmt die neuere Forschung an, dass der Consul Nero Claudius Drusus, bevor er auf dem Rückmarsch durch den Sturz vom Pferd im Jahr 9 v. Chr. das Leben verlor, hier in der Altmark, bei Altenzaun, die Elbe erreicht haben könnte.

„Also", meint Lothar Mittag, Leiter des Johann-Friedrich-Danneil-Museums Salzwedel und mithin der Häuptling aller Langobarden, die nicht nach Norditalien verzogen sind, „kann man annehmen, dass die Römer auch hier gewesen sind." Also kann man auch römisch kochen. Nach alten, aber der Gegend angepassten Rezepten. Was heißt, es wurde alles aus den Rezepten herausgenommen, was zu jener Zeit in diesem Landstrich nicht nachgewiesenermaßen vorgekommen sei.

Aber die Langobarden haben doch mit Sicherheit auch keine Kochbücher geschrieben? Das sei leider wahr, meint der Diplomrestaurator für archäologische Ausgrabungen mit einem Schulterzucken, aber man wisse ja aus der Archäologie (sic!) einigermaßen verlässlich, was die Langobarden angebaut oder auch verzehrt haben: Linsen, Erbsen, Ackerbohnen, Getreide und Hirse. Sie verwendeten Lauch, Bärlauch und Thymian in ihrer Küche. Das ansonsten beinahe unbezahlbare Salz gewannen sie an den Salzwedeler Salzquellen. Ob sie nun tatsächlich hier durchgezogen seien? Aber wenn, dann haben sie nach Gavius Apicius etwa so gekocht, wie es umseitig steht. Und so entstanden nun diese Rezepte, die für Wochenendkochentdeckungen im Freien zu empfehlen sind.

Foto rechts: Lothar Mittag als Langobarde in Zethlingen

Wie die Langobarden zu ihrem Namen kamen

Einst, als die Vandalen von den Winnilern Tribut forderten, verweigerten diese jegliche Abgaben. Daraufhin erklärten die Vandalen den Winnilern den Krieg. Als Beginn legten beide Seiten den Sonnenaufgang des nächsten Tages fest.

Die Vandalen baten Wotan um den Sieg. Der legte fest, dass er den Kriegern den Sieg schenkt, deren Namen er vor der Schlacht zuerst nennt.

Für die Winniler bat deren oberste Priesterin Gambara Wotans Frau Freya um Hilfe. Listig, wie Frauen sind, riet Freya, dass sich das Heer der Winniler bereits vor Sonnenaufgang gegenüber dem Fenster postieren sollte, aus welchem der Gott morgens zuerst auf die Welt blickte. Die Frauen der zahlenmäßig den Vandalen weit unterlegenen Winniler sollten sich ihr langes Haar vor das Gesicht binden und sich zwischen ihre Kriegermänner stellen. Als die Vandalen zur Morgenröte auf dem Schlachtfeld erschienen, fanden sie die Winniler bereits aufgestellt vor. Wotan blickte, soeben aufgestanden, als ein äußerst verschlafener, dabei misslauniger Gott auf die Welt. Er war erstaunt über die Zahl der Krieger, die ihm vor Augen stand und die er eher schemenhaft erkennen konnte. „Wer sind diese Langbärtigen?“, fragte er. Darauf sagte Freya, hinter ihm stehend: „Denke daran. Du hast denen den Sieg versprochen, die du am Morgen als erste nennst!“ Seit dieser Zeit hießen die Winniler Langobarden. Die Vandalen sahen die ungeheure Zahl der Feinde gleichfalls. Darauf waren sie nicht vorbereitet. Sie zogen ab und ließen die Langobarden von nun an unbehelligt.

Zethlingen

Lothar Mittag, c/o Johann-Friedrich-Danneil-Museum, An der Marienkirche 3, 29410 Salzwedel

Tel.: 03901/423380, info@danneil-museum.de, www.langobarden-zethlingen.de

Rezepte nach Art der Langobarden

Die Mengenangaben hier sind so rustikal wie es die Küche ist. Auf diese Weise kann man aber sowohl für zwei als auch zwanzig Leute kochen.

Fladen

Weizenmehl, Wasser, Salz

Aus Weizenmehl, Wasser und Salz einen geschmeidigen, nicht zu festen Teig kneten. Daraus dünne Fladen von ca. 10 bis 15 cm Durchmesser formen. Die Fladen bei mittlerer Hitze im Herd ca. zehn Minuten backen.

Die Fladen sollten warm verzehrt werden, weil sie im kalten Zustand hart werden.
Will man Fladen trocknen, lässt man sie einfach erkalten und erreicht damit eine lange Haltbarkeit. Bei Bedarf kann man sie dann in heißem Wasser zu einem Brei verrühren.

Langobardensuppe

Das Rezept verwendet ausschließlich Zutaten, die aus der Zeit vor etwa 2000 Jahren archäologisch belegt sind. So fehlen Kartoffeln, Zwiebeln und das heutige Suppengrün. Dass die sämige Suppe trotzdem so gut schmeckt, liegt natürlich auch daran, dass sie im großen Suppentopf über dem offenen Feuer gekocht wird. Aber auch wenn das zu Hause nicht so geht, gilt der Satz, dass Probieren über Studieren geht.

Linsen oder Ackerbohnen
geschälte grüne oder gelbe Erbsen
dicke Rippe vom Schwein
Thymian, Schnittlauch, Salz

Erbsen und Linsen zu gleichen Teilen in einer Schüssel mit Wasser 24 Stunden einweichen. Danach Erbsen, Linsen und Wasser durch ein Sieb geben und in einen Topf mit Wasser schütten. Unter Zugabe von dicker Rippe vom Schwein, Thymian, Schnittlauch und Salz daraus einen nahrhaften, wohlschmeckenden Eintopf kochen.
Die Linsen können auch durch Ackerbohnen ersetzt werden.

Herzhafte Gerstengrütze

Wasser
Suppenknochen vom Schwein
Lauch, Thymian
Salz, Gerstengrütze

Suppenknochen mit Lauch, Thymian und Salz zwei Stunden kochen. In der Fleischbrühe Gerstengrütze (2 Teile Fleischbrühe, 1 Teil Gerstengrütze) aufkochen und bis zum Garwerden köcheln lassen.

Süße Gerstengrütze

Milch, Gerstengrütze
Honig, süßer Hirsebrei

2 Teile Milch und 1 Teil Gerstengrütze aufkochen, dann bis zum Garwerden köcheln lassen. Den Brei unter Zugabe von Honig umrühren und abschmecken, bis er eine Süße nach Geschmack erreicht.

Süßer Hirsebrei

Milch, Hirse, Honig, gehackte Mandeln

2 Teile Milch lässt man mit 1 Teil Hirse aufkochen und bis zum Garwerden langsam weiter köcheln. Der Hirsebrei wird mit Honig gesüßt und mit gehackten Mandeln verfeinert.

Rezepte aus der Römischen Küche, nach den Rezepten des Apicius

Perna (Schinkenpastete)

250 g Brotteig
800 g Kasseler, ein Kammstück ohne Knochen
15 trockene Feigen, 6 Lorbeerblätter
2 EL Honig

Den Brotteig der Einfachheit halber aus Fertigmehl von Kathi herstellen.
Das Kasseler im Ganzen mit den anderen Zutaten im Wasser eine Stunde gar ziehen lassen. Danach das Kammstück herausnehmen, mit Honig bestreichen und in den Brotteig einhüllen. Das Kochwasser mit den Zutaten aufheben, es dient als Grundlage für die Soße. Die Pastete im Backofen bei 220 °C backen.
In der Zwischenzeit die Soße so lange einkochen lassen, bis sie eine annehmbare Dickflüssigkeit erreicht. Die Pastete aus dem Ofen nehmen und in Scheiben schneiden, mit der Soße zusammen servieren.

Assaturam (Braten mit Salz und Honig)

150 g Mehl, 200 g Salz
Wasser
800 g Schweinebraten
2 EL Honig

Mehl und Salz in einer Schüssel mischen, nach und nach kaltes Wasser einrühren, bis ein fester Teig entsteht. Diesen etwa 15 Minuten ruhen lassen. Den Backofen auf 180 °C vorheizen. Das Fleisch abwaschen, trockentupfen, salzen und mit dem Salzteig umhüllen. Dazu den Teig auf einem Brett ausrollen, das Fleisch darauf legen und mit dem Teig umhüllen. Die Ränder gut andrücken.

Den Braten auf ein geöltes Backblech setzen und etwa 40 Minuten im Ofen garen. Die Salzkruste abschlagen, den Braten mit dem Honig bestreichen und mit Fladenbrot als Beilage servieren.

Assaturam alternativ

Den Braten in den Römertopf geben, dessen Deckel wie Topf zuvor zehn Minuten gewässert worden. Das Fleisch mit sehr viel mehr Salz als gewöhnlich bestreuen und im zugedeckten Topf etwa 40 Minuten braten. Vor dem Servieren den Braten mit dem flüssigen Honig bestreichen, noch zehn Minuten ruhen lassen, aufschneiden und zu Ciabatta oder Fladenbrot servieren.

Minutal ex praecoquiis (Frikassee aus Aprikosen)

800 g Schweinefleisch
3 EL Distelöl, 2 Schalotten
1/4 l Rotwein, 4 EL Sojasauce
250 g getrocknete Aprikosen
Kümmel, 1 EL gehackter Dill
2 EL gehackte Minze, 1 TL Honig
1/2 l Weinessig, 2 TL Mehl
Salz, Pfeffer

Das klein gewürfelte Schweinefleisch in Distelöl anbraten. Die Schalotten schälen und fein würfeln. Das Frikassee mit Wein und Sojasauce ablöschen. Die Aprikosen und die übrigen Zutaten außer Mehl, Salz und Pfeffer zufügen, alles mit Wasser auffüllen und gar köcheln. In einer Tasse das Mehl in Wasser auflösen und die Sauce damit binden. Anschließend die Soße mit Salz und Pfeffer abschmecken.

Blick in die
Langobardenküche

Kagels „Kleines Paradies"

Auch Arbeit muss nicht der Romantik entbehren. Der erste Fang wird eingeholt. Wilfried Kagel mit seinem ständigen Begleiter Karl, dem Fischerhund, und seinem Ferienfreund.

Das ehemalige Fischerdorf Zießau, malerisch am Ufer des Arendsees gelegen, kann gerade einmal 154 Einwohner aufweisen. Die erste urkundliche Erwähnung stammt aus dem 12. Jahrhundert. Einst gehörte der Ort zum Kloster Arendsee. Am Rand des Ortes, unmittelbar am See, befindet sich der Fischerhof der Familie Kagel.

Was es heißt, selbständig zu sein

Bei Kagels hinter dem Haus beginnt das kleine Paradies. Der im Sinne des Wortes grüne Garten am See bietet Schutz vor der Sonne und ist, nach getaner Arbeit, eine Insel der Ruhe. Möglicherweise sehen die Fischersleute das ganz anders, weil hier auf Schritt und Tritt die Arbeit lacht. Aber aus der Fremde kommend, darf man das so wahrnehmen. Die Arbeit lacht.

Für Wilfried Kagel stimmt das sogar. „Wissen Sie", holt er weit aus, „ich war kürzlich zu einem Klassentreffen. Vierzehn Leute waren wir. Ich war der einzige, der mit 67 Jahren noch sein Geld verdiente." Und setzt hinzu, dass ihm noch niemand begegnet sei, der im Vorruhestand oder in Rente so richtig glücklich ausschaute. „Ich habe mir nicht vorgestellt, dass wir nach der Wende in ein Land kommen, das in diesem Maße voller Bürokratie steckt. Manchmal könnte man meinen, sie möchten es dem Selbständigen heimzahlen, dass er selbständig ist. Manchmal habe ich das wirklich über. Aber dann denke ich daran, dass meine Mutter früher sagte: Junge, wenn du das Eine willst, bekommst du das Andere auch mit. Du musst dich entscheiden, ob dir das Eine das Andere wert ist. Und da muss ich sagen: Das Beste, was mir in meinem Leben, außer meiner Familie natürlich, passiert ist, ist, dass ich mit 52 Jahren endlich selbständig werden konnte."

Foto rechts: Einer macht die Arbeit, zweie gucken zu. So schön kann Ferienhilfe sein.

Das sind so Gedanken, die auch auf dem See mit ihm gehen, wenn er der Maräne nachstellt. Die fangfrischen Fische landen zu einem erheblichen Teil im hauseigenen Räucherofen und, frischgeräuchert, auf einem der Tische in der kleinen Gartenwirtschaft.

Über die Maräne

Die kleine Maräne wird bis 30 cm lang. Sie ist der Brotfisch des Arendseer Fischers. Die Maräne, auch Felchen oder Renke genannt, gehört zur Familie der Lachse. Der Rücken des in großer Tiefe lebenden Fisches ist blaugrün, die Seiten sind silbrig. Die großen, grauen Flossen haben einen grünlichen Hauch. Die Schwanzflosse ist stark eingeschnitten. In 15 bis 25 Meter Tiefe lebt der Schwarmfisch von Zooplankton. Die Durchschnittsgröße liegt bei 30 bis 60 Zentimeter. Am besten schmeckt der Fisch mit einer Fanggröße von 30 Zentimeter bei 300 Gramm im Sommer.

In Sachsen-Anhalt kommt die Maräne natürlich nur im Arendsee vor. Von hier aus wird aber neuerdings auch die Goitzsche bei Bitterfeld mit dem beliebten Speisefisch besetzt. Das Zubrot des Arendseer Fischers besteht im Winter aus dem Fang laichbereiter Maränen. Im Bruthaus am See züchtet Wilfried Kagel den Nachwuchs für mehrere Seen in Deutschland. Jährlich etliche Millionen Jungfische gehen so zusätzlich in den Besatz verschiedener Seen, selbstverständlich auch in den Arendsee.

Fischerei Wilfried Kagel
Dorfstraße 33, 39619 Zießen
Tel.: 039384/2550

Fischsuppe Arendsee

4 Maränen á 250 bis 300 g
1 Bund Suppengrün
1 Zwiebel, Pfeffer, Salz
1 Prise Zucker
frisches Brot

Die Maränen ausnehmen und unter frischem Wasser innen wie außen abspülen. Anschließend die Fische in heißem Wasser abwellen und filetieren. Das Filet in kleine Würfel geschnitten mit dem gleichfalls gewürfelten Suppengrün und den Zwiebeln in etwas gesalzenem Wasser köcheln.
Als Beilage frisches Mischbrot reichen.

Panierte Maränen nach Fischerart

4 Maränen je ca. 300 g
Salz, Pfeffer, am besten aus der Mühle
1 Ei, 3 EL Semmelmehl
50 ml Sonnenblumenöl
50 g Butter
mehlig kochende frische Kartoffeln
1 Zitrone, Dill

Die ausgenommenen Maränen außen und innen mit frischem Wasser abspülen, salzen und pfeffern, in Ei wenden und in Semmelmehl beidseitig wälzen. In die Pfanne zu gleichen Teilen Sonnenblumenöl und Butter geben und darin die Fische von beiden Seiten braten.
Die frischen Kartoffeln in der Schale kochen und anschließend pellen. In einer zweiten Pfanne Butter zerlassen, die Kartoffeln ganz in der Butter wenden, bis sie angebräunt sind. Während des Bratens Zitrone über die Kartoffeln träufeln. Den gehackten Dill über die Kartoffeln streuen.

Gebratene Maränen mit Kartoffelsalat nach Art der Fischerin

Für die Maränen:
4 Maränen je ca. 300 g
50 ml Sonnenblumenöl
50 g Butter
Pfeffer
Salz
Sahnemeerrettich

Für den Kartoffelsalat:
500 g fest kochende Kartoffeln
1 große Zwiebel
2 Boskop-Äpfel
5 Eier
mindestens 4 saure Gurken
Petersilie
1 Becher Kaffeesahne
Pfeffer, Salz

Die frischen Maränen ausnehmen und waschen, auf Küchenpapier abtropfen lassen. Zur Hälfte Sonnenblumen- oder Distelöl und Butter in die Pfanne geben, die Fische innen wie außen salzen und pfeffern. Die Fische vorsichtig etwa 7 Minuten in dem nicht zu heißen Fett braten. Wenden nicht vergessen! Die gebratenen Maränen mit etwas Butter, Sahnemeerrettich und Kartoffelsalat servieren.
Für den Kartoffelsalat frische, fest kochende Pellkartoffeln in Salzwasser kochen, bis sie gar sind. Die Kartoffeln noch warm abpellen und in Scheiben schneiden. Parallel dazu 5 Eier in Salzwasser mindestens 5 Minuten kochen lassen. Die hart gekochten Eier mit kaltem Wasser abschrecken, schälen und in Würfel schneiden. Dann die Äpfel, Zwiebel und die saure Gurke in kleine Würfel schneiden. Das Gurkenwasser mit den darin enthaltenen Gewürzen über die noch heißen Kartoffeln gießen. Die Kaffeesahne ebenso. Die Zutaten unter die noch warmen Kartoffeln heben, damit die Würze besser in die Kartoffeln einzieht. Den Salat mit gehackter Petersilie bestreuen.

Gedünstete Maränen nach Zießauer Art

4 Maränen je ca. 300 g
Salz, Pfeffer
1 Zwiebel
4 mittlere Möhren
Dill, Petersilie
mehlig kochende Salzkartoffeln

Die frischen Maränen ausnehmen, abspülen und auf Alufolie legen, innen und außen salzen und pfeffern. Mit den klein gehackten Zwiebeln, den geschälten, in Scheiben geschnittenen Möhren, dem klein gehackten Dill und der Hälfte der ebenfalls klein gehackten Petersilie die Fische in die Alufolie einwickeln, in einen Glastopf geben und etwa 20 Minuten im eigenen Saft in der Backröhre bei ca. 200 °C dünsten lassen.
Währenddessen die geschälten Kartoffeln in Salzwasser kochen. Mit klein gehackter Petersilie bestreut zu den Fischen servieren.

Der Rat der Fischerin:
Fische, die keine Butter sehen, schmecken nicht.

Der Tipp des Fischers:
Macht nicht so viel rum mit der Maräne. Am besten schmeckt sie ganz einfach grün in Butter gebraten und eine gute Kartoffel dazu. Das ist der höchste Genuss!

Maränenbouletten vom Arendsee

Für die Maränenbouletten:
1 kg Maränen, 40 g Butter
Sonnenblumenöl
2 Zwiebeln
Salz, Pfeffer
2 Eier

Für den Kartoffelsalat:
500 g fest kochende Kartoffeln
1 große Zwiebel, 2 Boskop-Äpfel
5 Eier, mindestens 4 saure Gurken
Petersilie
1 Becher Kaffeesahne
Salz, Pfeffer

Die Maränen ausnehmen, abspülen und filetieren. Das Filet durch den Fleischwolf drehen. Die Zwiebeln in feine Würfel schneiden und die beiden Eier unter die Masse heben. Die Masse mit Salz und Pfeffer abschmecken, zu kleinen Kugeln formen und in Butter und Öl braten. Dazu Kartoffelsalat reichen.
Für den Kartoffelsalat frische, fest kochende Pellkartoffeln kochen, bis sie gar sind. Die Kartoffeln noch warm pellen und in Scheiben schneiden, salzen und pfeffern. Parallel dazu 5 Eier in Salzwasser mindestens 5 Minuten hart kochen. Mit kaltem Wasser abschrecken, pellen und in Würfel schneiden. Ebenso die Äpfel, die Zwiebel und die sauren Gurken. Das Gurkenwasser mit den darin enthaltenen Gewürzen über die noch heißen Kartoffeln gießen. Die Kaffeesahne ebenso. Die Zutaten vorsichtig unter die noch warmen Kartoffeln heben, damit die Würze besser in die Kartoffeln einzieht.
Den Salat mit gehackter Petersilie bestreuen.

Foto rechts:
Fischers Uferblick

ANHALT-WITTENBERG

Bollen-Calbe und Ulenspiegel

Wo sich der Weltgeist traf

Wildes aus dem Fläming

Die Kochfrau der Reformation

Anhalt-Wittenberg ist traditionell eine Region für Leute mit einem Hang zum Risiko und mit Entdeckerlust. Die Leute hier, in der östlichsten Reiseregion Sachsen-Anhalts, haben immer, wenn auch mit viel Arbeit verbunden, ihr Auskommen gesucht und gefunden und dabei eine Lust am Lernen, am Weitergeben von Erfahrungen und am Entdecken neuer Wahrheiten entwickelt, die am Ende gerade diesen Landstrich nicht nur ideell gesegnet, sondern auch eine Dichte an UNESCO-Welterbestätten eingebracht hat, die man weder in Deutschland noch in Europa so schnell wiederfinden wird.

Im 12. Jahrhundert brachten auf Einladung Albrechts des Bären (um 1100-1170) Holländer, Seeländer und Flamen eine Region zu einem wirtschaftlichen und kulturellen Aufschwung, die heute der Fläming genannt wird und als Naturpark eine der schönsten Waldlandschaften Deutschlands enthält.

Möglicherweise war es dem sächsischen Kurfürsten Friedrich dem Weisen (1463-1525) nicht bewusst, als er seine Universität in Wittenberg gründete, was für eine Art Vogel er sich mit dem Dr. Martin Luther (1483-1546) ins kursächsische Nest legte. Aber die heutige Lutherstadt Wittenberg wurde aus dem Dasein eines Provinznestes urplötzlich ins Zentrum der damaligen Welt katapultiert.

Rom schäumte, wenn es vom Doktor aus Wittenberg Neues zu vermelden gab. Der ferne Kaiser in Madrid, Karl V. (1500-1558), plagte sich mit dem protestantischen Geschwür. Bis in die skandinavischen Staaten war man mit der Reformation infiziert. Aus allen europäischen Ländern strömten Studenten nach Wittenberg, dem Zentrum der Erschütterung. Philipp Melanchthon (1497-1560) wurde zum Praeceptor Germaniae, also dem Urbild des deutschen Lehrers, dessen Schulreform die Schullandschaft entscheidend veränderte.

Lucas Cranach d. Ä. (1472-1553), der reichste Mann von Wittenberg, Maler und Unternehmer, sorgte für die mediale Ausbreitung der Reformation durch allerhand Flugschriften, die Dr. Martinus´ unschlagbares Wort mit dem modernen malerischen Stil Cranachs visualisierten. Da fanden sich ein wortgewaltiger Ideenlieferant, ein geschliffener Ideologe und ein genialer Illustrator und Layouter, der noch dazu über die neuesten technischen Voraussetzungen für das aufkommende Medienzeitalter verfügte: Eine unschlagbare Mischung, an der sich Papst und Kaiser die Zähne ausbissen. Nicht vergessen werden darf, wer die Troika der Reformation schützend unter ihre Fittiche nahm: Natürlich der kursächsische Weise Friedrich.

Heute hat die Lutherstadt neben den Luther-, Melanchthon- und Cranach-Gedenkstätten auch noch eine Hundertwasserschule zu bieten. In Köthen schrieb Johann Sebastian Bach (1685-1750) unter anderem seine Brandenburgischen Konzerte. Bitterfeld ist Hafenstadt geworden und man kann, wo einst trübe Tagebaulöcher gen Himmel stanken, nun von der Marina aus in See stechen oder die Strandpromenade, vorbei am Pegelturm und an der Villa am Bernsteinsee, entlang wandeln.

Dessau ist ohne Bauhaus und Meisterhäuser und – natürlich – ohne das Kornhaus nicht zu denken, in welchem einst die Bauhausmeister Wassily Kandinsky (1866-1944), Paul Klee (1879-1940), Walter Gropius (1883-1969) und so weiter gern mit dem Blick zur Elbe weilten. Oranienbaum erinnert an seine holländischen Anfänge, als die Prinzessin Henriette Catharina von Nassau-Oranien (1637-1708), die Mutter des Alten Dessauers, des Fürsten Leopold I. von Anhalt-Dessau (1676-1747) hier einen Ort nach ihrem Gusto schaffen ließ.

Der Alte Dessauer führte viele Kriege im Namen und auf Rechnung des preußischen Soldatenkönigs Friedrich Wilhelms I. (1688-1740) und dessen Sohnes, Friedrich der Große (1712-1786). Als der Enkel mit 18 Jahren während der Belagerung von Prag kündigte, war der Große Friedrich zwar wenig amüsiert, schurigelte den anhaltischen Prinzen auch nicht wenig – aber um der Verdienste des Großvaters willen ließ er den Prinzen irgendwann auch wieder in Ruhe. So konnte der mit seinem Freunde Friedrich Wilhelm von Erdmannsdorff (1736-1800) das Traumreich des Wörlitzer Parkes schaffen, den ersten Landschaftspark nach englischem Vorbild auf europäischem Boden. Was waren wir doch einst der Zeit voraus.

Foto links:
„Rousseauinsel"
im Wörlitzer Park
Foto rechts:
Biermanne`sche Villa
am Ufer der
Goitzsche, Bitterfeld

Bollen-Calbe und Ulenspiegel

Till Eulenspiegel hält zwar in allen Darstellungen seit dem 19. Jahrhundert weise der Eule den Spiegel hin, aber eigentlich hat diese Darstellung mit der tatsächlichen Namensbedeutung wenig am Hut. Mit dem „Spiegel" ist der Hintern gemeint, „ule n' Spiegel" heißt demnach eigentlich „wisch mir den Hintern", oder, vulgärer, „leck mich am Arsch".

Calbe, an der Saale gelegen, ist stolz auf seinen alten Roland – den einzigen, der in Deutschland einen Helm trägt –, auf seine junge Bollenkönigin, auf den Hexenturm, auf das Wotanstor mit dem aus Holz geschnitzten Wotan auf dem Wartenberg. Martin Luther hat hier in Calbe 1517 dem Erzbischof von Magdeburg einen Brief und seine 95 Thesen überreicht. Und seit 400 Jahren ist der Name „Bollen-Calbe" nachweisbar. Mindestens solange ist das Städtchen für den Zwiebelanbau berühmt. Spät, aber nun doch, hat sich die ehrbare Hanse- und Rolandstadt auch zu ihrem ungehörigen Sohn Till Eulenspiegel bekannt.

Mit dem Schalk in den Augen leben

Glaubt man dem Volksbuch, soll Till eine seiner ersten Bosheiten an der Saale bei Calbe, wo er aufwuchs, zur Schau gestellt haben. Die Eltern verloren seinerzeit den Bauernhof in Kneitlingen und zogen in ein Dorf, aus dem die Mutter, „Ann Wibcken", stammte, „im Magdeburgisch Land an der Saal". Es gibt also ernstzunehmende Hinweise, dass der Scherzbold in Hohendorf an der Saale aufwuchs, einem inzwischen nicht mehr vorhandenen Dorf an der Stelle, wo der „Till-Weg" als Calbenser Abschnitt des Saale-Radwanderwegs durchläuft.

Den Schalk trägt auch die aus dem Harz stammende, seit vierzig Jahren in Calbe lebende Ursula Wendt in den Augen. Als Ehefrau des angesehenen Calbenser Unternehmers und Gelbgießermeisters Wilhelm Wendt engagierte sie sich für ihre heutige Heimatstadt. Sie gehörte zu den Mitbegründern der am Markt befindlichen Calbenser Heimatstube, die bereits 1981 eröffnet wurde, „unmittelbar nachdem man das Wort Heimat im Sozialismus überhaupt wieder im Munde führen durfte", erzählt sie. Durch diese Arbeit, das Zusammentragen von Stücken für das Museum, durch Freunde und angeregt durch manche Aktivitäten im Heimatverein kam Ursula Wendt auch zu den Rezepten, die sie selbst natürlich nachkocht und ihren Freundinnen serviert oder sogar manchmal auch der Nachbarschaft ins Haus bringt. Den inzwischen über einhundertjährigen Betrieb hat längst der Sohn übernommen.

Foto rechts: Der alte Roland

Ursula Wendt
Scheunenstraße 35, 39240 Calbe/Saale

Kirschsuppe mit Brandteigklößchen

Für die Kirschsuppe:

750 g Süßkirschen
Wasser, bis die Kirschen bedeckt sind
Zucker
Zimt
Nelkenpulver
Speisestärke
wenn man will, ein wenig Rum

Für den Brandteig:

1/2 l Wasser
125 g gesiebtes Mehl
3 bis 4 Eier
50 g Butter
1 Prise Salz
1 Prise Zucker

Die Kirschen waschen, entstielen, abtropfen lassen und entsteinen. Anschließend etwa 15 Minuten mit Wasser, Zucker, Zimt und Nelkenpulver kochen. Nach Geschmack würzen. Die Speisestärke mit ein wenig kaltem Wasser anrühren und die Suppe damit binden. Die Suppe warm stellen. Wer mag, schmeckt sie vor dem Servieren noch mit 1 Schuss Rum ab.

Für die Einlage Wasser und Butter zum Kochen bringen. Während des Köchelns unter langsamem Rühren das Mehl hineingeben. Das Mehl solange rühren, bis sich die Masse vom Topf löst. Den Teig in eine Schale geben, vorsichtig die Eier nacheinander unter die Masse heben. Die Masse noch einmal gut durchkneten. Von dem Brandteig mit einem Esslöffel kleine Klößchen abstechen und in die Kirschsuppe geben. Die Suppe langsam köcheln lassen, bis die Klößchen oben schwimmen. Nach Bedarf die Suppe noch etwas andicken.

Tipp:
Die Kirschsuppe kann auch als Kaltschale aus dem Kühlschrank gereicht werden.

Calbenser Zwiebelsalat

500 g Zwiebeln
Salzwasser, 1 Kopfsalat
2 bis 3 EL Salatöl
1 Zitrone, 1 Prise Salz
1 Prise brauner Zucker
1 Prise gemahlener schwarzer Pfeffer
Petersilie

Die Zwiebeln schälen und in feine Scheiben schneiden, kurz in Salzwasser einlegen, dann in einem Sieb abtropfen lassen. Den in Streifen geschnittenen Kopfsalat und das Salatöl zufügen. Den Salat mit etwas Zitronensaft, je einer Prise Salz und Zucker, etwas gemahlenem schwarzen Pfeffer abschmecken und 5 bis 10 Minuten ziehen lassen. Vor dem Auftragen den Salat mit der klein gehackten Petersilie bestreuen.

Einfache Bollensuppe mit Brotrösteln

200 g Roggenbrot
1 l Wasser
2 mittlere Premium-Zwiebeln
2 EL Butter
4 EL saure Sahne

Das Roggenbrot in kleine Würfel geschnitten in einer Pfanne in Butter braten. Die fein gewürfelten Zwiebeln ebenfalls in Butter goldgelb braten. Die Brotwürfel zu den Zwiebeln geben und beides dünsten, bis die Zwiebeln einen bronzenen Schimmer annehmen. Den Pfanneninhalt nun in einen Topf geben. Das Ganze mit kochendem Wasser übergießen und 10 bis 15 Minuten köcheln lassen. Vor dem Servieren die Suppe mit je 1 Esslöffel saurer Sahne verfeinern.

Calbenser Zwiebelsuppe

(für 2 Personen)

3 große Premium-Zwiebeln
20 g Butter
1/2 l Gemüsebrühe
1 cl trockener Weißwein
1 Prise weißer Pfeffer
1 EL süße Sahne, 1 Eigelb

Die Zwiebeln in Ringe schneiden, die Butter in einen Suppentopf geben. Die Zwiebeln in der Butter goldbraun rösten, anschließend mit Mehl bestäuben. Die Gemüsebrühe zugeben und mit dem Weißwein ablöschen. Die Zwiebelsuppe mit einer Prise weißen Pfeffer abschmecken. Noch etwa 20 Minuten vor sich hinköcheln lassen. Die Zwiebelsuppe mit 1 Esslöffel süßer Sahne verfeinern und mit einem Eigelb legieren. Heiß servieren.

Man muss sich nicht wundern, weshalb in der Gegend um Calbe/ Saale so viele gesunde, alte Herrschaften leben. Der Nährwert der Calbenser Zwiebeln ist sehr hoch, stecken in ihr doch die Vitamine A, B_1, B_2, B_6 und C. In 100 Gramm Zwiebeln sind 15 Milligramm Vitamin C enthalten. Wer die Zwiebel regelmäßig roh in kleinen Mengen verspeist, tut also viel für seine Gesundheit. Sie senkt den Blutdruck, den Blutzucker und das Cholesterin und fördert die Durchblutung.

Calbenser Bollenklump mit Grünen Klößen

<u>Für die Fleisch-Zwiebelmischung:</u>
2,5 kg Calbenser Premium-Zwiebeln
2 kg frische Rippchen
Salz, Pfeffer, Kümmel, 2 Lorbeerblätter

<u>Für die Grünen Klöße:</u>
3 kg Börde-Kartoffeln
Salz, Kartoffelmehl
2 Brötchen oder Semmeln, Butter

Die Rippchen gut mit Salz und Pfeffer einreiben und kochen. Danach das Fleisch von den Knochen lösen und grob würfeln. Die Brühe durchseihen oder sieben. Nun das Fleisch der Brühe wieder zugeben. Die geschälten, geviertelten und vorgegarten Premium-Zwiebeln mit den Lorbeerblättern und dem Kümmel in die Brühe geben. Das Ganze köcheln lassen, bis die Zwiebeln gar sind.
In der Zwischenzeit die Klöße zubereiten. Dafür die Kartoffeln schälen. 2,5 kg Kartoffeln roh gerieben in einem Leinentuch oder Leinensack kräftig auspressen. Dabei das Kartoffelwasser der Stärke wegen auffangen. Nach dem Auspressen die trockene rohe Masse auseinanderpflücken. 500 g Kartoffeln gar kochen, pürieren, mit Salz abschmecken und mit der ausgepressten, rohen Kartoffelmasse mischen, so dass sie sich zu einer Masse verbinden. Das durch das Auspressen gewonnene Kartoffelwasser vorsichtig abgießen, bis die Stärke zurückbleibt. Die Kartoffelstärke beigeben und mit ihr verrühren. Die altbackenen Brötchen würfeln und in Butter knusprig braun rösten. Aus der Kloßmasse eigroße Klöße formen, je einen Semmelwürfel hineindrücken, die Klöße im leicht gesalzenen Wasser fast gar kochen. Danach die Klöße in die vorbereitete Brühe geben und mit der Fleisch-Zwiebelmischung ca. 20 Minuten garen, bis sie fertig sind.

Tipp:
Wasser oder Brühe dürfen nicht mehr kochen. Die Klöße müssen langsam ziehen, sonst zerfallen sie. Den garen Kloß erkennt man daran, dass er oben schwimmt.

Calbenser Bollentitsche

Für die Titsche:
150 g Speck, 250 g Gehacktes
8 große Calbenser Premium-Zwiebeln
30 g Butter, 2 EL Mehl
Wasser, Salz
Kümmel, Pfeffer
Speise-Würze

Für die Beilage:
Kartoffeln
40 g Butter
Salz, Kümmel
saure Gurken

Speck und Zwiebeln in Würfel schneiden und in der Pfanne mit ein wenig Butter bräunen. Das Gehackte vorsichtig unter den Speck und die Zwiebeln rühren. Die Zwiebeln bräunen am besten, wenn man sie mit Mehl bestäubt. Dann die Masse mit Wasser ablöschen, so dass eine dicke Soße entsteht. Mit Salz, Kümmel und Speisewürze kräftig abschmecken.
Zur Bollentitsche reicht man Pellkartoffeln und saure Gurken. Verwendet man für die Pellkartoffeln besonders kleine, runde Kartoffeln, pellt man sie nicht ab, sondern brät sie kurz in der Pfanne mit reichlich Butter an und würzt die Kartoffeln mit Salz und Kümmel.

Altcalbenser Zwiebelkuchen

Für den Teig:
500 g Mehl
80 g Margarine
30 g Hefe
1 TL Salz, 1/4 l Milch
1 Ei

Für den Belag:
250 g Speck
10 mittelgroße Zwiebeln
20 g Butter
1/8 l saure Milch oder saure Sahne
3 Eier
1 EL Mehl
Salz
Kümmel

Für den Hefeteig alle Zutaten gründlich miteinander verkneten. Den Teig ca. 30 Minuten gehen lassen, nochmals durchkneten, weitere 30 Minuten gehen lassen. Dann auf einem mit ein wenig Mehl bestäubten Blech ausrollen.
Speck und Zwiebel fein würfeln und mit Salz und Kümmel in der Pfanne, unter Zugabe der Butter, goldgelb dünsten. Danach die Masse auf den Teig geben. Die saure Milch oder Sahne mit den Eiern verrühren, Mehl und Salz dazugeben und gleichmäßig über den Teig gießen. Den Zwiebelkuchen bei guter Mittelhitze goldgelb backen und heiß servieren. Die beste Uhr sind dabei die eigenen Augen.

Zwiebel-Käsebrot

2 mittlere Zwiebeln
200 g Schnittkäse
1 kg Mehl
250 ml Wasser
1 Würfel Hefe
Salz

Die Zwiebeln schälen und wie den Schnittkäse in feine Würfel schneiden. Mehl und Wasser in eine entsprechend große Schüssel geben und mit allen Zutaten zu einem Teig verkneten. Eventuell etwas Wasser zugeben, wenn der Teig zu trocken ist. Den Teig zu einem runden Brot formen. Etwa eine Stunde auf einem bemehlten Blech aufgehen lassen. Bei 180 °C ca. 3/4 Stunde backen.

Tipp:
Das Zwiebel-Käsebrot ist eine wohlschmeckende Beigabe zum Gegrillten.

Calbenser Zwiebelkuren

1 bis 2 Zwiebeln
Honig, heiße Milch

Die Zwiebeln ganz fein schneiden oder reiben, zusammen mit reichlich Honig in heißer Milch verrühren. Diese Zwiebelmilch leistet bei Bronchialasthma, Husten und Heiserkeit gute Dienste.
Anregend auf die Sekretion der Bronchialdrüsen wirkt ein Saft, den man gewinnt, indem man auf die fein geschnittenen Zwiebeln reichlich Honig gibt und diese stehen lässt. Innerhalb kurzer Zeit bildet sich ein wohlschmeckender Saft, den man über den Tag verteilt einnehmen muss. Er heilt vor allem bei chronischer Heiserkeit und ist als schleimlösender Saft bei Husten ein hervorragendes Heilmittel.

Foto links:
Ursula Wendt
Foto rechts:
Saaleblick

Wo sich der „Weltgeist" traf

„...ich glaube, daß die Ursache für den ungeheuren Einfluß, den das Bauhaus in der Welt gehabt hat, in der Tatsache zu suchen ist, daß es eine Idee war."
Mies van der Rohe, 1953

Dessau ist eine kleinbürgerliche Stadt mit bewegter Vergangenheit und berühmten Einwohnern: Der Alte Dessauer füllte einst als Kriegsheld der Preußenkönige die Geschichtsbücher, ließ aber auch das zerstörte Magdeburg als preußische barocke Festungsstadt wiedererstehen. Sein Enkel, Fürst Franz, wurde mit seinem Freund von Erdmannsdorff Pionier aller Landschaftsparks in Europa, Hugo Junkers schrieb Flugzeugbauergeschichte in Dessau, mit dem Bauhaus gar wurde die anhaltische Stadt Treffpunkt des Weltgeistes, während der Dessauer Kurt Weill den Broadway eroberte und in der Zusammenarbeit mit Berthold Brecht zu beider Unsterblichkeit beitrug.

Hier speisen Königinnen und Radfahrer

Ulrich Heilmann hätte zufrieden sein können. Als Chef des größten Hotels am Platze hatte er erreicht, was er wollte. Bis seine Frau Roswitha und er bei ihren sonntäglichen Fahrradausflügen auf das Kornhaus trafen, eine seit Jahren geschlossene, verwahrloste, ehemalige Gaststätte an der Elbe. „Meine Frau und ich standen vor diesem Haus: Ein Gebäude im Zustand der Trostlosigkeit. Aber man stand davor und wusste sofort: Das Haus hat Geschichte. Es hat etwas ganz Besonderes."

Das war der Beginn einer großen Liebe, sozusagen einer ménage á troi. Was aber ist das Besondere an diesem Bau des Architekten Carl Fieger, der 1929 hier am Elbebogen entstand? Hier ist der Ort, an welchem sich die Bauhausmeister in ihrer Freizeit trafen. Der Weltgeist traf sich hier: Kandinsky, Klee, Gropius, Moholy-Nagy, Mies van der Rohe, Itten...

Heilmanns ließen das Haus 1994 und 1995 unter denkmalpflegerischen Aspekten sanieren. Heute ist die Gaststätte, die sich in ihrer Innen- wie Außeneinrichtung dem ursprünglichen Entwurf annähert, eines der wenigen Beispiele einer florierenden Gaststätte aus der Zeit des Neuen Bauens. Kein Wunder, dass die bauhausinteressierte Königin Beatrix der Niederlande bei ihrem Besuch in Dessau im März 2004 ihr Mittagessen im Kornhaus einzunehmen wünschte. Als Vorsuppe gab es übrigens ein Krebssüppchen mit Rotkäppchen-Sekt. „Zur Philosophie meiner Küche gehört, in erster Linie auch Produkte aus Sachsen-Anhalt zu verarbeiten. Je näher der Produzent, desto frischer ist die Ware", meint Ulrich Heilmann.

Foto rechts: UNESCO-Weltkulturerbe: Die Meisterhäuser von 1925 sind inzwischen aufwändig restauriert worden.

Ulrich Heilmann
c/o Kornhaus
Kornhausstraße 14
06846 Dessau
Tel.: 0340/6404141
Fax: 0340/6404111
info@kornhaus.de
www.kornhaus.de

Durch die Lage am Elbe-Radweg ist er gezwungen, den Spagat zu wagen zwischen einer einfachen, preiswerten Hausmannskost, die trotzdem Pfiff haben muss und der haute cousine, welche die Berliner Gäste wünschen, wenn sie sich abends auf den Weg von der Hauptstadt ins anhaltische Dessau machen, um dort zu sitzen, wo auch Kandinsky verkehrte. Das Geheimnis, beides miteinander in raffinierter Weise zu verbinden, ist regionale Küche.

Dessau als Standort für das Bauhaus

Fritz Hesse, ab 1918 Bürgermeister in Dessau, hatte die Idee und den Mut, Walter Gropius Dessau als Standort für das Bauhaus anzubieten, nachdem Weimar als Standort durch die Machenschaften der Nazis nicht mehr zu halten war. „Wenn man dem Bauhaus in den Mauern von Dessau Asyl und Arbeitsmöglichkeiten böte, könnte man dann nicht auch Stimmen anderer Künste wieder zum Klingen bringen?" Carl Fieger (1893 bis 1960), nach dessen Entwurf das Kornhaus 1920 bis 1930 anstelle des Vorgängerbaues hier entstand, gehörte zum Bauatelier Walter Gropius und war als Architekt schon am Entwurf des Dessauer Bauhauses beteiligt. Die Finanzierung des Baus übernahm damals übrigens die Berliner Schultheiss-Patzenhofer-Brauerei. Die herausragende Leistung Fiegers besteht darin, dass es ihm gelang, die verschiedenen Baukörper harmonisch in die bestehende Wallanlage zu integrieren. Das Restaurant verfügt über eine Veranda zur Elbe hin, während sich der Tanzsaal zu einer ebenerdigen Terrasse auf der Wallkrone öffnete. Wer hier sitzt, genießt einen einmaligen Blick über die Elbe.

Foto links: Kornhaus
Foto rechts: Ulrich Heilmann in seinem Lokal

Heilmanns Harmonie
– das Gericht für den fröhlichen Vegetarier

Was kann man in der modernen Küche anfangen mit den Mitteln, die Wald und Feld um Dessau in den Topf geben? Ulrich Heilmann zaubert ein kleines Gourmetmahl.

Gebackene Steinpilze auf hausgemachten Bandnudeln mit Holunderperlen

Für die Steinpilze:
800 g kleine Steinpilze
125 g Mehl, 80 g Butter

Für den Bierteig:
125 g Mehl, Salz
1 Prise Zucker
1/8 l Bier, 2 Eier

Für die Bandnudeln:
125 g Mehl, 1 Ei
1 EL Sonnenblumenöl
2 EL leicht angewärmtes Wasser
1 Prise Salz

Für den Bierteig die Eier trennen. Das Mehl mit dem Bier, dem Salz, einer Prise Zucker und dem Eigelb zu einem Teig verrühren. Den Teig etwa 15 Minuten ruhen lassen. Währenddessen das Eiweiß zu Schnee schlagen und unter den Bierteig heben.
Die Steinpilze in Scheiben schneiden, auf einem Teller in Mehl wälzen und anschließend durch den Bierteig ziehen.
Für die Nudeln in das gesiebte Mehl eine Mulde drücken und das Ei, das Öl, das Salz und das Wasser hineingeben. Dann die Zutaten mit dem Mehl vermischen und zu einem Teig verarbeiten. Der Teig sollte soviel Mehl sehen, dass er nicht mehr klebt. Den Teig 30 Minuten an einem warmen Ort ruhen lassen. Ein Brett mit wenig Mehl bestäuben und den Teig mit dem Nudelholz auf 2 bis 3 Millimeter ausrollen. Im Anschluss Teigplatten von etwa 10 Zentimetern Länge schneiden, einige Minuten trocknen lassen. Dann zehn Zentimeter lange, ein Zentimeter breite Streifen daraus schneiden und in 2 Liter Salzwasser 3 bis 5 Minuten al dente kochen.
Die Steinpilze in klarer Butter goldgelb ausbacken, die Bandnudeln mit Sahne erhitzen, auf einem Teller anrichten, reife Holunderbeeren auf die Nudeln streuen und die gebackenen Steinpilzscheiben dekorativ obenauf geben.

Reisbrei mit Zucker und Zimt und „Bratwurscht"

Das Gericht für die Radfahrer ist ein altes, anhaltisches Rezept:

Für den Reisbrei:
1 l Milch
Salz
250 g Langkornreis
2 EL Butter

Für die Bratwurscht:
4 Rauchenden oder Knacker
40 g Butter oder Schweineschmalz

Etwas kaltes Wasser in den Milchtopf geben, damit die Milch nicht anbrennt. Milch zugeben, umrühren und mit Reis auffüllen. Den Reis auf kleinster Flamme zugedeckt ziehen lassen. Währenddessen in einem Topf angewärmte Sahne mit Zucker abschmecken und unter den garen Reisbrei rühren.
Die Rauchenden oder die Knacker nun in feine Scheiben schneiden, in einer Pfanne kurz anbraten und auf dem in einem Suppenteller angerichteten Milchreis dekorativ verteilen. Etwas gebräunte Butter über den Reis gegeben. Das Ganze mit etwas Zimt bestreuen.

Das Itten-Menü

Johannes Itten (1888-1967) war von 1919 bis 1923 als Meister am Weimarer Bauhaus tätig. Er führte den Bauhaus-Vorkurs ein, in welchem Grundlagen der Materialeigenschaften, der Komposition und der Farbenlehre vermittelt wurden.

Itten besuchte einen Mazdaznan-Kongress in Leipzig und führte danach, gemeinsam mit Georg Muche (1895-1987), diese Lehre am Bauhaus ein. Das Wort selbst bedeutet: „Der Meistergedanke" und ist die Lehre von der Lebenskunde, die in Übungen und Körperstellungen ihre Darstellung findet, beispielsweise durch Atemübungen.

Ein wichtiger Gedanke des Mazdaznan ist: „Die Gesundheit wird uns nicht, solange wir sie von außen suchen. Sie ist ein innerer Zustand, für dessen äußere Verwirklichung wir uns zuerst in uns selbst des Gedankens bewußt sein müssen, der Gesundheit schaffen kann." Von da bis zu einem gesunden Essen ist es nur ein Schritt. Insofern ist es nur zu begrüßen, dass Ulrich Heilmann die Möglichkeit geschaffen hat, diesen im Bauhaus einst vorhandenen Gedanken umzusetzen und für die Tafel vorzubereiten.

Die Grundfrage – deshalb finden sich bei diesem Menü auch keine Zutaten-Mengen-Angaben – ist nicht: Wie viel kann ich essen? Die Grundfrage ist: Mit wie wenig ist es möglich, gesund und glücklich zu leben?

Salatvariation

4 Chicorée-Schiffchen sternenförmig mit dünnen Streifen von Tomaten, Salatgurke, roter Zwiebel und Lauch oder Porrée auf einem Teller anrichten. Dazwischen und in der Mitte nach persönlichem Empfinden und eigener Kreativität möglichst viele Arten an Blattsalaten dekorativ anordnen.
Für die Tunke/Salatsoße Tomate, gekochte Karotte, gekochten Brokkoli, gekochten Kohlrabi, Weißwein und etwas geriebenen Knoblauch mit einem Mixstab pürieren, mit Salz und Pfeffer abschmecken und über den Salat geben.

Linsensymphonie

4 verschiedenfarbige Linsensorten, wie man sie heute ohne weiteres in einem pakistanischen oder türkischen Lebensmittelladen erstehen kann, separat in Salzwasser kochen. Die Linsensorten auf einem großen, flachen Teller in 4 gleich großen Flächen anrichten.
Kartoffeln kochen und in Essig-Öl-Salatdressing schwenken. Karottenwürfel in Tomatensoße mit den gekochten Kartoffeln erhitzen. Diese auf dem Teller neben den Linsen anrichten. In die Mitte auf die Linsen eine Mischung von Schlagsahne und Crème fraîche geben.

Nachtisch – ein Salat von Apfelsinen und Bananen

Die Apfelsine mit einem Messer so schälen, dass auch das Weiße der Schale entfernt wird. Die Frucht in feine Scheiben schneiden und in Fächerform auf einem Teller anrichten. Die Banane schälen, schräg in Stücke schneiden. Die Stücke in einer Honig-Limetten-Tunke wenden und dekorativ rechts und links von der Orange anrichten. Schlagsahne dazugeben.

Foto rechts:
Wörlitzer Park

Wildes aus dem Fläming

„Wenn ich mit meiner Frau in Südfrankreich Urlaub mache, will ich kein Hotel sehen. Ich suche uns eine kleine Hütte mit Herd aus, gehe auf den Markt, kaufe frischen Fisch, guten Käse und dann koche ich nur für uns zwei. Dazu leisten wir uns einen schönen Rotwein oder einen guten Weißwein... "
Henning Strüber

Im Fläming, unweit Möckern, liegt das versteckte Dörfchen Wendgräben, in welchem der Berliner Architekt Prof. Hermann Muthesius (1861-1927) für die Familie von Wulffen von 1910 bis 1912 ein Herrenhaus erbaute. Am Dreiecksgiebel über dem Haupteingang wurde das bereits 1909 geschaffene Relief eines Wolfes, dem Wappentier derer von Wulffen, aus der Hand des Bildhauers Gerhard Marcks (1889-1981) angebracht.

Das später als Entbindungsheim durch die Nationalsozialistische Volkswohlfahrt genutzte Schloss diente nach 1945 zunächst als Heimoberschule, später als Sonderschule für schwerlernende Schüler und wurde schließlich 1991 von der Konrad-Adenauer-Stiftung erworben. Nach dem Umbau ist es 1997 als Bildungszentrum der Stiftung ein Ort der Begegnung für Menschen aus ganz Deutschland geworden.

Der Traum von der Hütte mit Herd

Ein ganzer Haifisch wird durch das Lokal getragen. Staunen. Die meisten Gäste haben noch nie einen solchen Fisch im Ganzen gesehen. Sie dürfen das Stück bestimmen, welches sie später gebraten, gegrillt, gebacken oder gedünstet essen möchten. Henning Strüber, 1997 mit 25 Jahren jüngster Küchenmeister Sachsen-Anhalts, hat Sinn für solche kulinarischen Spielereien und damit auch dem Restaurant „von Rephuns Garten" einen guten Namen gemacht.

Als Familie Strüber, die im Eichsfeld zu Hause war, in Zerbst den Onkel besuchte, fiel ihnen das Haus mitten in der Stadt, umgeben von der Stille des kleinen Parks, ins Auge. Eigentlich wollte der gelernte Koch Hennig Strüber noch etliche Jahre im Ausland Erfahrung sammeln, „aber dann stehst du vor dem Haus und weißt, das ist es." Seit 1996 gehört auch die gastronomische Betreuung des Bildungszentrums Schloss Wendgräben zu den Aufgaben des Hauses Strüber.

Die Wälder und Felder des Fläming bieten ein reiches Wildaufkommen und ein reichhaltiges Angebot an Waldfrüchten. Deshalb schlägt Henning Strüber für dieses Buch ein Wildkapitel mit Fleisch und Früchten aus heimischen Wäldern vor, aber aufbereitet wie für die haute cousine. Vielleicht sollte man, entschließt man sich für diese Gerichte, nur „sie" oder „ihn" einladen?

Foto rechts: Schloss Wendgräben, ehemaliges Herrenhaus der Familie von Wulffen

Die Kochfrau der Reformation

Die nach Cranachs Ehefrau benannte Barbara-Tafel im Ambiente der Lutherzeit und mit den Gewürzkonstellationen jener Epoche findet auf Anfrage im Cranach-Haus am Markt 4 statt.

Die Lutherstadt Wittenberg gehört als eine der Lutherstätten zu den UNESCO-Weltkulturerbestätten in Sachsen-Anhalt. An der Wittenberger Schlosskirche soll Martin Luther (1483-1546) der Legende nach 1517 die 95 Thesen angeschlagen haben, mit denen die Reformation eingeläutet wurde.

Mit Kurzweil und Tischzucht

Heike Kuhrt ist ein „Weib", wie sich der Cranach Lucas es nicht hätte besser für seinen Hausstand wünschen können. Der umtriebige „PR-Chef der Reformation", dessen Können und Geschäftssinn wir zu verdanken haben, dass die Reformation überhaupt über Wittenberg hinaus Wirkung entfalten und die Leute sich eine Vorstellung der Herren Luther, Bugenhagen, Melanchthon etc. machen konnten, wohnte mitten im Geschehen am Wittenberger Marktplatz.

Heute stehen zwei der Reformatoren, Luther und Melanchthon, seinem Hause gegenüber und halten die Ewigkeit am Rockzipfel ihrer Beredsamkeit, während die beredte Frau Barbara, wie sich Heike Kuhrt nach der Cranachin „im Dienst" nennt, ihre Gäste in Kenntnis setzt, was sie an der Barbara-Tafel erwartet. Das geht ihr flott von der Zunge und man merkt, welchen Spaß sie daran hatte, die alten Rezepturen zu finden, aus denen sie herauslas, was für ihre Küche zu brauchen war.

„Schauen Sie den Hausfrauen der Renaissance über die Schulter. Lernen Sie Sitten und Gebräuche um Essen und Trinken der damaligen Zeit kennen", lädt sie ihre Gäste ein. Dass man sich gefälligst die Finger vor dem Essen waschen soll, liest sie aus einer „Tischzucht" vor, die uns aus dem dreizehnten Jahrhundert überkommen ist. Da man sich seinerzeit in Brettchen, Teller und Krüge teilen musste, sich aber auch die Nase eher rustikal mit den Händen wischte, war die strenge Hygiene durchaus von Belang. Viele der heute gebräuchlichen Tischsitten stammen übrigens tatsächlich aus dieser Zeit.

Heike Kuhrt erzählt das alles mit viel Charme und nahezu nie zugehendem Mund zwischen den einzelnen Gängen. Wahrlich, da ist viel Kurzweil an der schmackhaften Tafel.

Barbara-Tafel und
Marmeladen-Manufaktur
Cranach-Haus, Markt 4
06886 Lutherstadt
Wittenberg
Tel.: 03491/611209
heiwokuhrt@t-online.de

ANACH HAUS
CAS CRANACH:
DRUCKEN!
lzschnitte und
Druckstöcke
ler Cranachs
7. - 03.10.2005

ELBE-BÖRDE-HEIDE UND MAGDEBURG

Die Kunst des Einfachen

„Man muss schon ziemlich lange mit offenem Mund herumstehen, ehe einem eine gebratene Taube ins Maul fliegt."
Chinesische Volksweisheit

Vielleicht wäre das mal eine Aufgabe für die Freiwillige Feuerwehr des Ortes: Erzählt wird, dass der Warthberg bei Druxberge der höchste Punkt der Börde sei. Dass er das auch wäre, fehlen ihm aber dreiundreißig Meter. Was man da tun kann, erzählt der wunderbare Film „Der Engländer, der auf einen Hügel stieg und von einem Berg herunterkam" mit Hugh Grant.

Sollte sich Druxberges Freiwillige Feuerwehr diesen Film als Lehrfilm anschauen und ebenso handeln: Die leidige Diskussion, ob man nun den höchsten Berg in der Börde habe oder nicht, wäre beendet. Das höchstgelegene Dorf zu sein, diesen Sieg kann man freilich Druxberge – oder, wie es 1135 hieß, Druchtelberge – heute schon nicht absprechen.

Von Kartoffellisten und Mangelküche

Während der Hungersnot von 1740 – und weil trotzdem die Bauern nur schwer zu bewegen waren, die neumodische Kartoffel überhaupt anzubauen – griff Friedrich der Große zur List, erzählt die Legende, und zum Dekret, erzählt die Geschichte. Die List: Er ließ in der Nähe von Berlin von Soldaten streng bewachte Kartoffelfelder anlegen. Bewirken wollte er, dass die Neugier die Bauern überredete, die Kartoffeln zu stehlen und selber anzubauen.

Im Amt Dreileben, zu welchem Druxberge gehörte, musste der Kartoffelanbau unter Zwang diktiert werden, bis er sich nach Jahren durchsetzte und heute nicht mehr wegzudenken ist. Schließlich ist heute alles, was nicht aus Fleisch ist, aus Kartoffel in der Bördeküche, weiß Horst Karberg, Kunsterzieher im Rentenstand, Chorleiter des Männerchores Drackenstedt und des Chors der behinderten Jugendlichen in Oschersleben, Küster und Prediger an der Druxberger Kirche, Ausstellender, Vorstandsmitglied der Kleinen Galerie Druxberge und selbst Maler – also der ewige, von Zeitnot geplagte Rentner. Schließlich ist noch längst nicht geschafft, was an Lebensaufgabe vor einem liegt. Karberg weiß gutes Essen wohl zu schätzen, seine Neugier aber gilt der Mangelküche von einst. Deren Kunst, so sagt er, liegt eben in der Einfachheit.

Foto rechts: Horst Karberg bei der Mal-Arbeit in seinem Garten

Nachrichten von der Wasserschnabelkatze

„Kool un Klump füllt den Buren den Rump."
Volksweisheit

Hohenwarsleben liegt ohne Zweifel im landschaftlich interessantesten Teil der Magdeburger Börde, in der sogenannten Hohen Börde, in der Nähe von Irxleben. Im Mittelalter gehörte es zum Kloster Unser Lieben Frauen in Magdeburg, ab dem 15. Jahrhundert zum Besitz derer von der Schulenburg. Die Landschaft um das Dorf von 1450 Einwohnern mit der romanischen St. Benedikt-Kirche, dessen Wehrturm aus dem Jahr 1199 stammt, kann auf eine Besiedlungsgeschichte von etwa 6000 Jahren verweisen.

Hier ist auch ein seltsames Tier zu Hause. Der alte Max Bösche kannte sie aus seinen Teichen: Die Wasserschnabelkatze. Generationen von Hohenwarslebenern erzählte er von dem garstigen Tier – und sie alle lauschten mit roten Wangen seiner Erzählung, wie sie ihn manchesmal im Teich an den Beinen festgehalten hatte, aber doch nie Böses ausrichten konnte.

Wie der Großvater für den Enkel sorgte

In Hohenwarsleben, dem grünen Ort am Nordrand der Magdeburger Börde, war Max Bösche zu Hause, Bauer, Fischzüchter, Agronom in der LPG, begnadeter Fotograf, erfolgreicher Heiler, Maler, Hobby-Archäologe, Volkskundler, Hobby-Ornithologe, früh bereits ökologisch denkend: „Bei mir bilden Ökologie und Ökonomie in der Landwirtschaft schon seit den dreißiger Jahren eine Einheit". Hier wohnte er hinter einer Mauer, an der ein vom Steinmetz gehauener Stein befestigt ist, der die Aufschrift trägt: B.B.B.B. – Börde-Bauern-Burg Bösche. Sie ahnen es: Ein Mann mit einem tiefen Humor, belesen und begeisterungsfähig, mit Güte und einer beherzten Bauernschläue. Ach, ich vergaß: Ein Erzähler vor dem Herrn, das war er auch.

Vor dem Grundstück der Familie befand sich in den zwanziger Jahren „Unland", nasses Land, mit dem der Bauer nichts anfangen konnte. Max Bösche erwarb es für wenig Geld. Sie schüttelten alle den Kopf im Dorf. Was will der dumme Junge mit solchem Land? Zwölf Jahre arbeitete er abends, wenn er von der Feldarbeit kam, nur mit Schubkarre und Spaten ausgerüstet, vierzehn Teiche unterschiedlicher Größe auszuheben. In der Mitte des größten Teiches ließ er eine kleine Insel stehen, mit ein paar Bäumen bewachsen. Ein romantisches kleines Eiland. Seine Frau, verriet er mir, habe er ja sozusagen aus Berlin

Foto rechts: Matthias Bösche bei der Arbeit mit den Netzen

Huhn mit Klump

Heut essen wir das Suppenhuhn
das gestern noch tat huppen tun.

Das ist ein altes Rezept aus der Hohen Börde und verrät, wie man aus einem Gang zwei Gänge gewinnt:

Für die Brühe:
1 fettes Suppenhuhn, nach Möglichkeit frisch vom Bauern
1 Zwiebel, 1 Möhre
1 Petersilienwurzel
1/2 kleine Sellerieknolle
Salz, Pfeffer

Für die Suppe:
200 g Erbsen, 200 g junge Möhren
1/2 kleine Sellerieknolle
1/2 Bund Petersilie
Salz, Pfeffer, Muskatnuss

Für den Klump:
8 Eier, 400 g Mehl, Salz
1 Schuss Milch

Für das Huhn:
80 g heiße Butter

Das küchenfertige Freilandhuhn unter fließendem Wasser innen wie außen waschen, trockentupfen, innen wie außen mit Salz und Pfeffer würzen. Das Huhn zusammen mit der geschälten Zwiebel, Möhrenwürfeln, Petersilienwurzel und Sellerie in einen entsprechend großen Topf geben und mit Wasser bedecken. Nach dem Aufkochen das Huhn auf kleiner Flamme weiterköcheln, bis das Fleisch noch fest, aber gar ist. Das Huhn aus der Brühe nehmen, in einem Sieb zum Abtropfen, beiseite stellen. Die Brühe weiterköcheln.

Für den Klump das Mehl in eine Schüssel geben. Die Eier dazugeben, mit dem Mehl verrühren, salzen und die Milch unterrühren. Die Masse ist dann gut, wenn man sie auf den Löffel nimmt und sie einen dicken Faden zieht.
Von dem Klump mit einem Löffel Klöße abstechen, in die Brühe geben und etwa 1/4 Stunde mitköcheln. Die Klöße sind gut, wenn sie oben schwimmen. Mit der Schaumkelle aus der Brühe nehmen und in einem Sieb gut abtropfen lassen.
Zum Mitköcheln das geputzte und in sehr feine Würfel geschnittene Gemüse in die Brühe geben, mit Salz, Pfeffer und Muskatnuss abschmecken. Das Gemüse sollte etwas weicher als bissfest sein, wenn man die Brühe als ersten Gang serviert. Mit klein gehackter Petersilie bestreuen.
Die Butter in der Pfanne zerlassen, vorsichtig, dass sie nicht braun wird. Das Huhn in vier Teile tranchieren, auf den Tellern mit Klößen anrichten und die heiße Butter über das Hühnerfleisch geben.

Klump stellte eine der preiswerten Sättigungsbeilagen vor der Kartoffel dar. In der Grude kam der Klump als Hefeteigschicht zur Verwendung, mit der man die Speisen im Topf „abdeckelte". Er fungierte als eine zusätzliche Schutzschicht, schließlich wurde auf den Topfdeckel zum Garvorgang heiße Asche aufgehäuft. Als „Löffelklump" verwendete man diese Hefeteigstückchen danach gleichzeitig als Suppeneinlage.

Unter der Bezeichnung „Klump" firmierten seinerzeit mehrere Klumparten:

Jestklump aus Hefeteig, Mehlklump schlicht aus Mehl, Bollenklump mit Zwiebeln, Kartoffelklump mit Kartoffeln. Beim Schrotenklump kamen Erbsen zum Einsatz, beim Zwiebackklump Zwieback. Letzterer wurde auch „kleine Klümpe" genannt.

Alle diese Sorten fanden zumeist als Einlagen für Gemüsesuppen Verwendung. Den Jestklump konnte man allerdings auch, mit Sultaninen und Zitronat oder Orangeat versüßt, als Kaffee-Gebäck reichen.

Die mediterrane Leichtigkeit der Bördeküche

Dr. Christian Antz ist Referatsleiter Tourismus im Ministerium für Wirtschaft und Arbeit des Landes Sachsen-Anhalt. Im Foto rechts am häuslichen Arbeitsplatz.

Magdeburg ist gerade 1200 Jahre jung geworden und die vielleicht uninteressanteste seiner Eigenschaften ist die, dass die Elb-, Dom-, Universitäts- und Wissenschaftsstadt als eine der grünsten Städte Deutschlands auch Landeshauptstadt ist.

Mit dem St. Mauritius- und St. Katharinen-Dom hat es den ältesten deutschen Dom auf gotischem Grundriss, mit dem Kunstmuseum Kloster Unser Lieben Frauen, dem Sitz des einstigen Erzbischofs Norbert von Xanten, dem späteren Heiligen Norbert, hält es auch den Anfang und das Ende einer der frequentiertesten deutschen Touristenrouten, der Straße der Romanik, vor. Zum System des neuen Magdeburger Wasserstraßenkreuzes gehört die längste Trogbrücke Europas, um mal die touristisch interessanten Superlative zu komplettieren. Außerdem liegt Europas größter zusammenhängender Lindenwald bei Colbitz direkt vor der Haustür der ehemals stärksten preußischen Festung.

Savoir vivre auf dem Hegelblick

Dr. Christian Antz ist Saarländer. Das muss man vorweg sagen, wenn man die Kochphilosophie verstehen will. In den vierten Stock eines Gründerzeithauses in der Magdeburger Hegelstraße – mit Blick vom kleinen Balkon zum Dom – hat es den Metzgersohn aus Losheim gezogen. Das ist der Hegelblick: Magdeburgs schönste Straße liegt ihm zu Füßen.

Antz ist, wie das wahrscheinlich nur Saarländer können, von geradezu unnachahmlicher, aber leichtfüßiger Sturheit, besonders wenn es um sein Lieblingsthema „Tourismus in Sachsen-Anhalt" geht. Er hat es immer auf den Lippen. Von der „Straße der Romanik" über „Das Blaue Band" bis hin zu Sachsen-Anhalts neuester touristischer Errungenschaft, den „Gartenträumen". An diesen Tourismusstraßen und Netzwerken hat er schließlich mit viel Herz und Engagement mitgearbeitet.

Dr. Christian Antz
Hegelstraße 18, 39104 Magdeburg

POUSSIN
WATTEAU
VERONESE
GOYA
HEINRICH FÜSSLI
PRAG 1600
KLASSIKERSTRASSE
HANS VON MAREES

Was munden soll, braucht Weile

Foto rechts: Tafeln auf dem Lande: Auf dem Tisch der Bördetopf aus der Grude, am Tisch in fröhlicher Runde Bildhauer Thomas Gatzky, Übersetzerin Renate Gatzky, Kulturwissenschaftlerin Martina Altmann, Saxophonist und Komponist Warnfried Altmann, Religionslehrerin Heike Prell, Autor Ludwig Schumann, Kunsterzieher Wilfried Kiel, Christel Kiel, Physiker Prof. Helmut von Specht, Brigitte von Specht, Konditor Thomas Mund

Eigentlich ist es nicht Magdeburger Art, vorwitzig zu sein. Als Eulenspiegel aber in der Stadt weilte, hatten die Magdeburger so viel Spaß mit ihm, dass sie den Schalksnarren drängten, etwas Gauklerisches zu treiben. Da werde er wohl auf das Rathaus steigen und vom Erker fliegen, meinte er. Das sprach sich herum wie ein Lauffeuer. Alle wollten es sehen. Dichtgedrängt standen sie auf dem Markt und starrten auf den Kerl. Der lachte über das Volk und rief: "Ich meinte, es gäbe keinen Toren oder Narren in der Welt außer mir." Und er machte den Gaffern klar: "Wie sollte ich fliegen können? Ich bin doch weder Gans noch Vogel!" Dann kehrte er um vom Erker. Die Gefoppten lachten oder fluchten, je nach Temperament oder Erkenntnis, und etliche meinten, dass der Schalksnarr wohl gerecht gesprochen habe. Auf dem Alten Markt erinnert der Eulenspiegelbrunnen an die Geschichte.

Abtauchen, um erfolgreich wieder aufzutauchen

Unter der Wasseroberfläche ist kaum ein Laut zu hören. In dreißig Meter Tiefe, hier, im Pretziener Steinbruch, tauchen die alten Gleisanlagen auf. Thomas Mund liebt diese Stille. "In der Tiefe bin ich gern allein. Ich muss nicht in der Südsee tauchen. Ich will einfach dort, in der Tiefe, mit mir allein sein. Für eine kurze, aber tief empfundene Zeit kein Lärm, kein Getriebe, keine Handys, kein Telefon, keine Frage nach Rezepten. Einfach schwerelos zwischen Zeit und Raum schweben. Dann bin ich wieder bereit für die Welt. Und deren Termine, Caterings und das Kochen im Hohendodelebener Stammhaus der Familie."
Der Magdeburger Konditor und Diplomingenieur für Lebensmitteltechnik, Thomas Mund, arbeitete als Forschungsingenieur an der IHS Köthen, bevor er das traditionsreiche eigene Unternehmen in der Leipziger Straße vom Vater übernahm.

Von Hohendodeleben, wohin Thomas Mund gern mal Freunde zum gemeinsamen Tafeln einlädt, ging einst Großvater Hermann Mund in die Welt, heuerte beim Norddeutschen Lloyd in Bremen als Schiffsbäcker an, befuhr die Welt bis China, ließ sich 1926 in der Moritzstraße in Magdeburg nieder und begründete die Konditorendynastie Mund, heute in der dritten Generation tätig.

Thomas Munds Liebe gehört dem Kochen, wie man es einst in der Grude tat, also mit niedrigen Temperaturen, um die Geschmacksstoffe und Aromen am Leben zu erhalten.

Konditorei Thomas Mund
Leipziger Straße 68
39112 Magdeburg/
Hohendodeleben
Tel.: 0391/6228200
THOMASMUND24@aol.com

Geflügelbrühe mit Gemüse und Klump

(für 4 bis 6 Personen)

Für die Brühe:

1 Suppenhuhn, ca. 1 kg schwer
Wasser, bis das Huhn bedeckt ist
3 Bund Suppengrün mit Möhren, Sellerie, Lauch, Petersilie, Steckrübe
Salz

Für den Klump:

100 g geriebener Zwieback
3 Eier
1 Prise Salz, Muskat
20 g Butter

1 Bund Petersilie zum Garnieren

Das Suppenhuhn unter fließendem Wasser waschen, das Suppengrün putzen und waschen. So viel Wasser zugeben, dass das Huhn gerade bedeckt ist, eine kräftige Prise Salz und das Gemüse zugeben und bei kleiner Flamme garen. Nach ca. 1 bis 1,5 Stunden das Huhn herausnehmen, auf einem Sieb abtropfen lassen, entbeinen und als Suppeneinlage würfeln. Das Gemüse gleichfalls herausnehmen und zerkleinern.

Aus dem geriebenen Zwieback, den Eiern und der aufgelösten Butter einen Teig bereiten, die Gewürze untermischen. Den Teig etwa 3 bis 4 Stunden im Kühlschrank durchziehen lassen. Danach aus diesem Teig mit einem Löffel Klößchen von etwa 2 cm Durchmesser formen. Diese in der heißen, nicht kochenden Brühe etwa 20 Minuten ziehen lassen.

Fleisch- und Gemüsewürfel und die fein gehackte Petersilie in die Suppe geben.

Tipp für Nichtpuristen:

Puristen sollten sich genau jetzt die Augen zuhalten: Damit die Klößchen in der Brühe nicht zerfallen, sollte man sie kurz in der Mikrowelle erhitzen.

Bördetopf aus der Grude

1 Kotelettstrang von 700 g oder Nacken vom Schwein
800 g Kartoffeln
800 g Sommergemüse: Blumenkohl, Kohlrabi, Lauch, Möhren, Sellerie, Grüne Bohnen
1 Zwiebel, Knoblauch
Pfeffer, Salz
Rosmarin, Majoran

Vor dem Benutzen Topf und Deckel des Römertopfes ca. 10 Minuten wässern. Dann das Fleisch kräftig mit Pfeffer, Salz und Knoblauch einreiben, in den Römertopf legen, die geschälte und in Würfel geschnittene Zwiebel, Rosmarin und Majoran beigeben, den Topf zudecken und bei 180 ° C ohne Umluft 1 1/2 Stunden garen. Danach die Kartoffeln und das klein geschnittene Gemüse dazugeben und das Ganze noch einmal 1 1/2 Stunden bis 2 Stunden garen, bevor der Bördetopf heiß im Römertopf serviert wird.

Tipp:

Sollte man eine größere Tafel verköstigen wollen, berechnet man pro Kopf einfach 180 g Fleisch, 150 bis 200 g Gemüse und 200 g Kartoffeln mehr.

Man kann den Römertopf in einem Elektrobackofen auch bei ca. 80 bis 90 ° C garen lassen. Dann beträgt die Garzeit, wie früher in der Grude, etwa 7 bis 9 Stunden.

Bördeländer Kartoffelauflauf

800 g kleine, runde Pellkartoffeln
250 g Butter, 1 Bund Petersilie
200 g milder Schnittkäse
4 Eier, 250 ml Schmand

Die Kartoffeln kochen, bis sie bissfest sind. Abschütten, kurz abschrecken, ein wenig abkühlen lassen, dann pellen. Die Kartoffeln in Scheiben geschnitten in eine mit Butter gefettete Auflaufform ca. 2 Zentimeter hoch schichten. Die fein gehackten Kräuter mit der zimmerwarmen Butter vermengen. Den grob geriebenen Schnittkäse (nicht zu stark auftragen!) über die Kartoffeln streuen. Darauf einige Flocken Kräuterbutter setzen. Im Wechsel nun wieder Kartoffelscheiben, Käse, Kräuterbutter einfüllen. Die oberste Schicht sollte mit Käse und viel Kräuterbutter etwa 1 Zentimeter unter dem Rand enden. Den Schmand mit den Eiern verquirlt über den Auflauf gießen. Nun den Auflauf in den auf 200 ° C vorgeheizten Backofen schieben und etwa 1/2 Stunde überbacken, bis der Käse ganz geschmolzen ist.

Tipp:
Der Bördeländer Kartoffelauflauf eignet sich gut als Beilage für herzhafte Gerichte, beispielsweise Spanferkel oder auch für den Bördeländer Schweinskräuterbraten.

Schrote-Klump

800 g Schweinenacken in Scheiben
Pfeffer, Salz
800 g Sauerkraut

Für den ungesüßten Hefeteig:
500 g Mehl, 30 g Hefe
1 Prise Salz, 1 Prise Paprika edelsüß
1/8 l lauwarme Milch
2-3 Eier, 2 EL Butter

Der Schrote-Klump wird in einem hohen Topf von etwa 20 Zentimeter Durchmesser bei 90 ° C hergestellt. Das bedeutet: mindestens 5 Stunden Garzeit.
Zuerst den Hefeteig zubereiten: Alle Zutaten miteinander vermengen, kräftig durchwalken und dann eine Stunde gehen lassen.
Das Fleisch auf beiden Seiten salzen und pfeffern. Den Boden des Topfes mit Fleisch auslegen, darauf folgt eine Schicht Sauerkraut. Auf diese eine Schicht ungesüßten Hefeteig verteilen. Nun folgt wieder eine Schicht Fleisch, eine Schicht Sauerkraut, eine Schicht Hefeteig. Der zweiten folgt eine dritte Beschichtung, bis der Topf fertig gefüllt ist. Den verschlossenen Topf in den Backofen bei etwa 90 bis 120 ° C stellen. 5 Stunden garen.

Börde-Aufläufer oder Prophetenkuchen

200 g Mehl (Type 405)
40 cl Weinbrand oder Korn
50 g Zucker
5 Eigelb, 1 Ei
50 g Butter
1 Prise Salz
etwas Vanillin-Aroma

Zucker, Eigelb, Ei und Salz mit dem Handmixer schaumig rühren. Die zerlassene Butter in die Masse einrühren, danach den Weinbrand oder Korn und das Vanillin-Aroma. Nun das Mehl hinzufügen. Den zähen Teig auf einem gut bemehlten Tuch oder dem Arbeitsplatz ausrollen. Auf ein gefettetes Blech (45 x 40 cm) heben, die Teigoberfläche noch vor dem Backen mit Butter bestreichen und mit etwas Zucker bestreuen. Bei 220 ° C 18 bis 25 Minuten backen. Nach dem Backen den Kuchen nochmals mit flüssiger Butter bestreichen.

Foto rechts: Frühjahrsflut im Stadtpark auf der Rotehorn-Insel

Die Grude

Die Grude-Herde, im Volksmund kurz „Grude“ genannt, waren Sparherde, die ursprünglich ummauert gewesen sind. Sie wurden mit dem sogenannten „Braunkohlenkoks“, der Grude, einem billigen, langsam glimmenden Brennstoff, der bei der Herstellung von Paraffin anfiel, geheizt. Die späteren Grude-Schrankherde aus Metall hatten statt einer Herdplatte einen mit einer Klappe verschlossenen Garraum, in den mehrere Töpfe passten.

Die Grude eignete sich sowohl zum Warmhalten der Speisen, weil im bäuerlichen Alltagsleben oftmals nicht alle Familienglieder zugleich anwesend sein konnten, als auch zum „langsamen“ Kochen, bei dem die Zutaten bei geringer Temperatur (70 bis 90 Grad) über Stunden garten. In einem besonderen Behälter hielt man in der Grude auch beständig warmes Wasser bereit.

Die Grude verschwand aus der bäuerlichen Küche erst in den fünfziger und sechziger Jahren des zwanzigsten Jahrhunderts. Damit verschwand leider auch das schonende, aromafördernde Garen – wobei anzumerken ist, dass die langen Garzeiten nicht allen Zutaten förderlich waren. Fleisch bleibt saftig und zart. Bei Niedrigtemperaturen zubereitete Zwiebeln, Bohnen und Kohlgemüse blähen nicht mehr, weil ihre Enzyme bei diesen Temperaturen aufgeschlossen werden.

Ein Thüringer zwischen Bonsai und Plinsen

Foto rechts: Der „Herr der Bonsai" auf der Terrasse der Villa Böckelmann in Magdeburg-Ottersleben, dem bis zur Eingemeindung 1953 mit 15700 Einwohnern größten Dorf Deutschlands.

Der Magdeburger Rotehornpark erstreckt sich auf einer Insel in der Elbe mitten in der Stadt. Hier entstand als eine der schönsten Bauten des Neuen Bauens 1927, anlässlich der Deutschen Theaterausstellung, die Magdeburger Stadthalle von Johannes Göderitz. Zum Gelände gehören auch der Ausstellungsturm und das Pferdetor, beides Arbeiten von Professor Albin Müller, ebenfalls 1927 entstanden. Am 9. Dezember 1998 wurde auf der Rotehorninsel, gegenüber dem Dom, das neue, hufeisenförmige, 18 Meter hohe Gebäude des Landesfunkhauses des MDR eingeweiht. Im Elbfoyer finden regelmäßig Ausstellungen, u.a. auch Bonsai-Ausstellungen, statt.

Die Idee des Weges

Das japanische Wort „Do" bedeutet „Weg". Hinter diesem Wort steckt im Japanischen eine Philosophie. Alle Künste, ob Teezeremonie, Ikebana oder eben Bonsai, auch die Kampfkünste, sind mit der Idee des Weges verbunden: Jede von Bewusstsein durchdrungene Handlung entspricht einem Schritt. Der Weg ist eine Aufeinanderfolge solcher Schritte. Als Bild für den Weg wird der Kreis festgehalten: Das augenblickliche Tun ist ohne Anfang und ohne Ende. Schreitet man weiter voran im Bewusstsein, erweitert sich der Radius des Kreises. Bonsai ist eine Kunst, die den Menschen auf den Weg bringt. Diese alte, aus China stammende Kunst, die mit dem Zen-Buddhismus nach Japan kam, heißt vom Namen her nichts anderes als „Bäume in Töpfen".

Hartmut Pohl, der Thüringer in Magdeburg, kochte 1973 in Hanoi und Gia-Sang, seither ließ ihn die Liebe zum ostasiatischen Raum nicht mehr los. Irgendwann holte ihn der Bonsai-Virus ein. Alle Jahre wieder stellt der Magdeburger Bonsai-Verein mit großem Erfolg im Magdeburger MDR-Landesfunkhaus aus. Hartmut Pohl verwendet für seine grünen Ausstellungsstücke ausschließlich einheimische Bäume wie Linde, Buche, Eiche, Lärche oder Wacholder. Eine seiner beeindruckendsten Schalen nennt sich „Lindenwald". Sie verweist darauf, dass sich in der Colbitz-Letzlinger Heide nördlich von Magdeburg der größte, zusammenhängende Lindenwald Europas befindet.

Hartmut Pohl
St. Michael-Straße 35, 39116 Magdeburg

Foto links:
Blick auf das Kloster
Unser lieben Frauen
Foto rechts:
Stadtpark Magdeburg

Vor der Wende kochte Hartmut Pohl in Magdeburgs Gourmet-Lokal „Savarin". Zum Bundeskanzlerfest 1990 war er einer der Teilnehmer beim Nudel-Varieté der ost- und westdeutschen Köche, präsentiert von der Europäischen Gemeinschaft der Köche unter der Präsidentschaft von Eckart Witzigmann. Er kochte auch anlässlich der Wiedereröffnung von Auerbachs Keller in Leipzig. Heute arbeitet Hartmut Pohl als Küchenmeister in der Villa Böckelmann in Magdeburg-Ottersleben.

Das rote Horn der Nixe Elwine

Die große Insel zwischen den beiden Armen der Elbe war das bevorzugte Jagdgebiet des Magdeburger Ritters Willfried. Hier begegnete er am Flussufer einem wunderschönen Mädchen, der Flussnixe Elwine. Sie konnte tagsüber Menschengestalt annehmen. Abends aber, wenn die Zeit ihres Menschseins abgelaufen war und sie ins Wasserreich zurückkehren musste, blies sie in ein rotes Horn. Dann kam ein Nachen zu ihr und brachte sie zurück.

Die Liebesgeschichte von Elwine und Willfried endete traurig. Wegen seiner Eifersucht verlor der Ritter die schöne Nixe für immer, nur ihr rotes Horn blieb bei ihm – aber ohne Ton.

Später ließ sich Willfried an der Stelle, wo er Elwine zuletzt gesehen hatte, ein Haus bauen. Als Hauszeichen wählte er das rote Horn. Er soll auch neben dem Haus mit dem roten Horn begraben sein. Deshalb heißt die Insel zwischen der Stadt heute noch die Roteborninsel.

Bördeländer Hühnersuppe mit selbstgemachten Fadennudeln

Für die selbstgemachten Nudeln:

100 g Mehl
1 Ei
etwas Salz
1/2 TL Öl

Für die Suppe:

1 kleines Huhn, Salz
150 g Möhren, 150 g Sellerie
150 g Porree, 150 g Champignons
1 Zwiebel
1 Lorbeerblatt
6 bis 8 Pimentkörner
Muskatnuss
1 Bund Petersilie

Für die Nudeln das Ei, Mehl, Öl und etwas Salz zu einem Teig vermengen, 30 Minuten ruhen lassen. Danach ausrollen und in feine Streifen schneiden. Die Nudelstreifen in kochendem Salzwasser kurz aufkochen, abgießen und die Streifen in die fertige Brühe geben.

Für die Brühe das Huhn innen wie außen waschen und in gesalzenem Wasser ansetzen. Das Gemüse putzen und schälen. Die Hälfte des Gemüses nach 1 1/2 Stunden der Brühe zugeben. Das Lorbeerblatt und die Pimentkörner ebenfalls. Wenn das Huhn gar ist, die Brühe passieren. Das restliche in Streifen oder Scheiben geschnittene Gemüse dazugeben und kurz garziehen lassen.

Die fertigen Nudeln und das klein geschnittene Hühnerfleisch nun auch in die Brühe geben. Die Suppe mit Muskat abschmecken, mit gehackter Petersilie überstreuen und auf Tellern anrichten.

Magdeburger Zanderfilet auf der Haut gebraten

4 Zanderfilets á etwa 200 g, frisch vom Fischhändler
Salz, Mehl
200 g Butter
1,2 kg Kartoffeln
Zitrone nach Bedarf
600 g Weinsauerkraut
4 Schalotten
150 ml trockener Weißwein von Saale-Unstrut
50 g magerer Rauchschinken, roh
1/2 Bund Petersilie

Zuerst das Zanderfilet auf Schuppen kontrollieren. Dann salzen, mehlieren und in geklärter Butter goldbraun braten. Dabei beachten, dass Zander eine sehr kurze Garzeit hat!

Die Kartoffeln schälen, waschen und in Salzwasser etwa 25 Minuten gar kochen. Abgießen, mit der Kartoffelpresse auf einer heißen Porzellanplatte pressen, mit einer Prise Salz würzen und mit Butterflocken belegen. Die Butter schmelzen und in den Kartoffelschnee einziehen lassen.

Die Rauchschinkenwürfel in einem entsprechend großen Topf in Butter anschwitzen. Die Schalotten schälen, in feine Würfel geschnitten zum Schinken geben. Das Weinsauerkraut und den Weißwein über die Schalotten und den Schinken geben, das Ganze umrühren und langsam etwa 20 Minuten köcheln lassen.

Auf heißen Tellern anrichten: Die Zanderfilets mit etwas Bratenbutter beträufeln und mit Zitronenecken und der klein gehackten Petersilie garnieren, daneben den Kartoffelschnee mit Schinkenwürfeln bestreut anrichten.

Hähnchenbrust vom Moritzkloster mit Frühlingszwiebeln

Für die Hähnchenbrüste:
4 Hähnchenbrüste mit Haut à 200 g
Salz, Pfeffer, 80 g Butter
2 Bund Frühlingszwiebeln
50 ml trockener Weißwein, 250 ml Hühnerbrühe

Für den Spinat:
1000 g frischer Spinat
1-2 Schalotten
1 Knoblauchzehe
Salz, Muskat

Für die Nudeln:
200 g breite Bandnudeln
Salz

Die Hähnchenbrüste vom Knochen lösen. Die Haut am Fleisch lassen. Die vier Brüstchen mit Salz und Pfeffer gewürzt in der Hälfte der Butter anbraten. Die Frühlingszwiebeln putzen, schälen und in Viertel schneiden. Zu den Brüstchen in die Pfanne geben und leicht mitschmoren. Mit dem Weißwein und der Brühe ablöschen, die Hähnchenbrüste etwa 20 Minuten weiter schmoren lassen. Danach das Fleisch aus der Pfanne nehmen und die Soße um die Hälfte einkochen.
In der Zwischenzeit das Nudelwasser mit etwas Salz ansetzen und die Bandnudeln bissfest kochen.
Den verlesenen, frischen Spinat von den Stielen befreien, waschen und gut abtropfen lassen. 1 bis 2 Schalotten schälen, in feine Würfel schneiden und zusammen mit der geschälten und gleichfalls fein geschnittenen Knoblauchzehe in der anderen Hälfte der Butter in einem entsprechend großen Topf weiß schwitzen. Den Spinat darauf geben. In einer sehr kurzen Garzeit den Spinat mit Salz und geriebenem Muskat abschmecken.
Die Hähnchenbrust auf vier Tellern dekorativ an Spinat und Nudeln anlegen.

Lammrücken mit Zwiebelkruste

Für den Lammrücken:
600 g Lammrücken ohne Knochen und pariert
40 ml Sonnenblumenöl
Salz, Pfeffer
400 g Zwiebeln
40 g Butter, 2 Eigelb
2 EL Semmelbrösel
1/2 Bund Petersilie
1/2 Bund frischer Thymian
1 Zweig Rosmarin
500 ml brauner Grundfond, ersatzweise Fertigprodukt

Für das Rote Beete Gemüse:
600 g frische Rote Beete
40 g Butter
brauner Zucker, Salz, Muskat

Für den Kartoffelauflauf:
800 g Kartoffeln
200 ml Milch
40 g Butter
1 Ei, Salz, Muskat

Beim Kauf darauf achten, dass der Fleischer den Lammrücken auch pariert hat. Die geschälten Zwiebeln in kleine Würfel schneiden. Dann in einer Pfanne bei nicht allzu großer Hitze in Butter weich dünsten, abgekühlt etwas salzen und pfeffern. Die Zwiebeln mit dem Eigelb vermengen, Semmelbrösel und gehackte Petersilie zugeben und alles zu einer kompakten Masse verrühren.
Den Lammrücken mit Salz und Pfeffer kräftig gewürzt in der Pfanne mit Öl anbraten, herausnehmen und auf einem Backblech warm stellen. Das fertige Zwiebelmus auf den vorgebratenen Lammrücken streichen und den Rücken in der Zwiebelkruste bei 180 ° C im vorgeheizten Backofen etwa 20 Minuten backen.
Den Bratenansatz mit dem braunen Grundfond ablöschen und mit

dem Rosmarinzweig einkochen. Dazu nach Geschmack noch frischen Thymian geben. Die Soße passieren und mit Salz und Pfeffer abschmecken.

Die Rote Beete kochen, schälen und in kleine Stifte schneiden. Beim Schneiden bitte daran denken, dass Rote Beete über einen stark rot färbenden Farbstoff verfügen. Die Stifte in einer Kasserolle in Butter anschwitzen und nach Geschmack Zucker, Salz und geriebene Muskatnuss dazugeben.

Die Kartoffeln schälen, waschen und in einem entsprechend großen Topf in Salzwasser gar kochen. Nach dem Abgießen mit dem Kartoffelstampfer im Topf oder in einer rustikalen Schüssel zerstampfen, mit Ei, Milch, Butter, Salz und geriebenem Muskat vermengen. Die Kartoffelmasse in eine feuerfeste Form geben und mit dem Lammrücken im Ofen überbacken. Lammrücken und Kartoffelauflauf werden zur selben Zeit fertig.

Den Lammrücken in gleich große Teile aufgeschnitten auf heißen Tellern auf der Soße anrichten. Kartoffelauflauf und Rote-Beete-Gemüse extra dazu reichen.

Quarkplinsen aus Großmutters Küche mit Sauerkirschkompott und Vanilleeis

250 g Quark, 80 g Mehl
160 g Zucker, 1 Ei
100 g Sonnenblumenöl
400 g Sauerkirschen
1 TL Stärke
2 cl Kirschlikör
400 g Vanilleeis
100 ml Sahne
Minze

Aus Quark, Mehl, 40 g Zucker und Ei einen Teig kneten. Den Teig mit einem Esslöffel so abstechen, dass 12 Plinsen, also 3 pro Person, entstehen, und im Sonnenblumenöl goldbraun ausbacken. Dabei vorsichtig mit der Pfanne umgehen: Es besteht Spritzgefahr.

Die Sauerkirschen entsteinen und mit den restlichen 120 g Zucker sowie dem Likör in einer kleinen Kasserolle kurz schmoren. Die Stärke mit Wasser und dem Sauerkirschsud anrühren. Das Kompott kalt stellen. Das Kompott kann bereits am Vortag zubereitet werden.

Nun die Sahne schlagen. Die noch warmen Plinsen an die Sauerkirschen legen, das Eis mit einem Minzezweig garniert dazugeben, mit der Sahne als „Tüpfelchen auf dem i" garnieren.

Ein Ukrainer in der Börde

„Es ist nicht wichtig, was einer glaubt, sondern allenfalls, dass einer glaubt. Es geht bisher immer um den Frieden."
Alexander Woloschuk

Der SV Seehausen spielt in der Landesklasse 4. Der Kleintierzuchtverein G 128 „Einigkeit" ist aktiv. Die Wohnungsbaugenossenschaft „Vorwärts" e. G. bietet Wohnungen an. Normaler Alltag in einer kleinen Ackerbauerstadt von 2000 Einwohnern in der Börde.

Immerhin gibt es in Seehausen noch etwas zu bewundern: Die Paulskirche wurde erstmalig 1148 erwähnt, gehört mithin auf die Straße der Romanik und enthält im Inneren mit dem Rundbogen zwischen Chor und Schiff sowie dem einstufigen rundbogigen Südportal romanische Elemente. Asterix und Obelix müssen hier auch vorbeigekommen sein. Zumindest steht ein Hinkelstein im Quellgebiet der Aller, nahe Seehausen und unweit des Hohen Holzes. Auf dem schlanken, etwa 3 Meter hohen Menhir befindet sich eine frühe menschenähnliche Figur.

Für Naturfreunde bleibt das Hohe Holz, ein etwa 1.500 ha großes Waldgebiet im nördlichen Harzvorland mit einem vielfältigen Pflanzenbestand. Der Lehrpfad im „Hohen Holz" beginnt praktischerweise bei der Gaststätte „Hubertushöhe".

Kochen und Musik

Auf der Burg Wanzleben spielt ein einsamer Akkordeonspieler anlässlich der Vernissage zur Ausstellung des aus Dreileben stammenden Bildhauers Siegfried Galow. Er ist kaum zu hören, denn die Gesellschaft dreht sich in ihren laut geführten Monologen um sich selbst. Ihr entgeht ein musikalisches Ereignis. Denn Alexander Grey, wie sich der ukrainische Akkordeonsolist Alexander Woloschuk mit Künstlernamen nennt, ist ein Musiker, der auch bei internationalen Wettbewerben brilliert. Sein Heimatort heißt nach einem ukrainischen Hetmann Chmemitzkij und liegt in einer Landschaft, die der um Halberstadt ähnelt. In der Ferne sieht man dort natürlich nicht den Harz, sondern die Karpaten.

Woloschuk hat am Kiewer Konservatorium Knopfakkordeon, Komposition und Dirigieren studiert. 1983 bis 1991 arbeitete er als Dirigent des Magdeburger Druschba-Ensembles, einem Ensemble, das aus Ballett, Vokalgruppe und Orchester der sowjetischen Streitkräfte und aus dem Polizeichor und Polizeiorchester Magdeburg bestand. Nach dem Abzug der „Westgruppe der Streitkräfte" 1991 blieb Woloschuk in Magdeburg und arbeitet seither als Musiklehrer am Magdeburger Konservatorium – und eben als Solist, der mit

Foto rechts:
Alte Bördestraße

Golubzej mit Gemüse

(Kohlroulade mit Gemüsefüllung)

1 Kopf Weißkohl
200 g Zwiebel, 200 g Möhren
300 g rote Paprikaschoten
50 g Sellerie, 200 g Tomaten
3-4 Zehen Knoblauch
200 g Schmand
100 ml Sonnenblumenöl
Salz, Pfeffer
2-3 Nelken, 2-3 Lorbeerblätter
1 Bund Schnittlauch
2 Stängel Sellerieblätter

Strunk aus dem Kohl entfernen, die Blätter vorsichtig im Ganzen abschälen, waschen und dann in gesalzenem Wasser unter Zugabe von 2-3 Nelken blanchieren.
Möhren und Sellerie putzen, waschen und in kleine Würfel schneiden. Die Paprikaschoten putzen, waschen und in feine Scheiben schneiden. Die Zwiebeln schälen und fein würfeln. Tomaten kreuzweise einritzen, kurz in kochendem Wasser blanchieren und enthäuten. Dann das Tomatenfruchtfleisch in kleine Würfel schneiden.
Schnittlauch und Sellerieblätter klein schneiden, miteinander mischen und bis zum Servieren beiseite stellen. Statt Schnittlauch und Sellerieblättern kann man auch Dill oder Petersilie verwenden.
Das Öl langsam in einem Topf erhitzen, Gemüse zugeben und leicht anbraten. Mit Pfeffer und Salz kräftig abschmecken.
In einem zweiten Topf Wasser mit der Hälfte des Schmands zusammen erhitzen, die Zwiebel- und die Tomatenwürfel hineingeben und das Ganze auf kleiner Flamme rühren. Dann zu dem anderen Gemüse geben und unterrühren. Mit Salz und Pfeffer würzen, portionsweise in die Kohlblätter einrollen. Die Blätter entweder mit Küchenfaden zubinden oder mit Holzstäbchen als Rouladen fixieren. Dann die Rouladen mit 2-3 Lorbeerblättern in einen Topf geben und mit gesalzenem Wasser bedecken. Bei kleiner Hitze die Golubzej nun etwa 1 Stunde langsam köcheln.

Die Golubzej mit dem klein geschnittenen Grün bestreut servieren. Dazu in einer kleinen Schüssel den anderen Teil des Schmandes reichen. Kohlwickel von dem Faden befreien und mit Schmand bestreichen.

Alternativ zum Kohl lässt sich das Gericht auch mit Weinlaubblättern herstellen.

Golubzej mit Quark

Für die Golubzej:
1 Kopf Weißkohl
200 g Quark, 20 g Butter
2 EL Grießbrei, 1 Ei
1 EL Butter
40 ml Sonnenblumenöl
40 g Mehl, 40 g Semmelmehl
Salz

Für die Gemüsesoße:
200 g Tomaten, 100 g Tomatenmark
100 g roter Paprika, 50 g Sellerie
2 Knoblauchzehen
40 ml Sonnenblumenöl
Salz, Pfeffer

Strunk aus dem Kohlkopf entfernen. Weißkohl waschen und anschließend in dünne Streifen schneiden, in einen Topf geben, so viel Wasser auffüllen, dass der Kohl gerade bedeckt ist und langsam gar kochen. Zu dem heißen Kohl 2 EL Grießbrei, das geschlagene Ei, Butter und Quark geben, alles schnell verrühren. Die Masse abkühlen lassen. Dann Bouletten formen, in Mehl und Semmelmehl wälzen und in Sonnenblumenöl braten.
Für die Soße das Gemüse putzen, waschen und in kleine Würfel schneiden, dann mit Sonnenblumenöl langsam braten, bis es bissfest ist. Tomatenmark unterrühren und mit Salz und Pfeffer abschmecken. Gemüsesoße und Schmand zu den Golubzej servieren.

Das Hundertwasserhaus
in Magdeburg

Maulbeerkrieg und Europadorf: Ummendorf in der Börde

Die Bördegemeinde Ummendorf, in der Nähe von Eilsleben, wurde 1145 erstmals als Besitztum des Magdeburger Klosters Berge in einer Urkunde des Papstes Lucius II. erwähnt. 1545 bis 1581 entsteht das Ummendorfer Renaissance-Schloss, seit 1924 Bördemuseum, das u.a. den einzigen in Sachsen-Anhalt erhaltenen Dampfpflug ausstellt. Zu den Kuriosika gehört der Ummendorfer Maulbeerkrieg zur Zeit Friedrichs des Großen, als dieser per Verordnung die Seidenraupenzucht durchsetzen wollte und bei den „sturen" Bördeländern auf Granit biss...

Ummendorf ist 2005 Europadorf geworden, eine Auszeichnung, die auf die Einzigartigkeit in der Entwicklung eines Ortes zielt und strengen Regeln unterliegt. „Aufbruch zur Einzigartigkeit": Da kann man zu Recht stolz sein.

In drei Generationen vom Arme-Leute-Essen zur Delikatesse

Ziegen sind Armeleutetiere. Weder mag man an das Fleisch noch an die Milchprodukte erinnert werden. Für die Alten hat das mit Krieg und Nachkrieg zu tun. Die Jungen haben keine Erinnerungen. Bei ihnen gilt der alte Spruch: Was der Bauer nicht kennt, isst er nicht. Dies musste vor einigen Jahren bei ihrem ersten Marktauftritt eine junge, spontane, von ihren Produkten überzeugte Frau erfahren. Ganztags hatte sie an ihrem Stand ausgeharrt und kehrte am Abend völlig frustriert nach Hause zurück: Alle vier Käse, mehr hatte sie noch nicht produziert, brachte sie wieder mit auf den Hof. Hatten Ziegenprodukte keine Chance?

Ihr Münsterländer Trotz erwachte, die Beharrlichkeit, die sie aus der Heimat mitbrachte. Sie hatte sich hier in Ummendorf angesiedelt, weil ihr das Dorfkonzept gefiel: Dieser Ort sollte Wohnort bleiben, kein Gewerbegebiet war geplant. Keine Windräder sollten als Energielieferanten ihren Horizont verschandeln. Alles passte. Hier in Ummendorf will sie mit Lebensgefährten, Kindern, Katzen, Hund und Ziegen leben. Hier muss sie aber auch existieren können – und der Käse, den sie produziert, scheint nicht zu überzeugen.

Foto rechts: Auf dem Ziegenhof Ummendorf

Marianne Schwienhorst-Bußmann erhielt 1993 zum Geburtstag eine Ziege geschenkt. Bald kaufte sie dem Herdentier eine zweite Ziege hinzu, später waren es fünf. Die Herde wuchs. Ihre Liebe zu den Tieren auch. Sie machte eine Ausbildung zur Landwirtin in der

Foto unten:
Was für ein Käse!
Der schmeckt!

Haldensleber Landwirtschaftsschule, wurde Wiedereinrichterin. 85 Ziegen gehören heute zu ihrer Herde. Sie lernte die Käseherstellung. „Mein Glück war meine Beharrlichkeit. Aber auch, dass die Leute reisten. In Kroatien haben sie dann zum ersten Mal nicht mehr den Kopf geschüttelt und fanden, der Ziegenkäse wäre eine geschmackliche Sensation. Das wollten sie jetzt auch zu Hause so haben."

Achtzig Prozent ihres Käses verkauft sie heute über Direktvermarktung. Auf die Wochenenden freut sie sich besonders. Das liegt ihr im Blut, von Markt zu Markt ziehen, den Leuten ihre Produkte nahebringen, sie dafür zu begeistern. Heute kommen Kunden aus Berlin, die auf dem Weg ins Harzer Wochenendhaus von der Autobahn abfahren und im Hofladen einkaufen. Viele kommen auch wieder auf der Rückfahrt vorbei und holen sich ihre Bestellungen für Berlin ab. Der Ziegenkäse aus dem Allertal gilt inzwischen als Delikatesse. Die Hoffeste auf dem Ziegenhof locken alljährlich mehr Menschen an.

Ziegenhof Ummendorf
Marianne Schwienhorst-Bußmann, Schäferstraße 5, 39365 Ummendorf
Tel.: 039409/2103-0
ziegenhof-ummendorf@t-online.de, www.ziegenhof-ummendorf.de

Allertaler Spinatsalat mit Ziegenkäse und Kräuter-Knoblauch-Baguette

Für den Salat:

500 g frischer Blattspinat
4 Tomaten
120 g schwarze Oliven
100 g „Allertaler Ziegenweichkäse"
6 EL Olivenöl
6 EL Obstessig
1 Knoblauchzehe
1 Hand voll Nüsse oder andere Kerne Ihrer Wahl
Salz, frisch gemahlener Pfeffer

Für das Baguette:

400 g Weizenvollkornmehl
100 g gemahlener Buchweizen
1 Würfel Hefe
250 ml handwarmes Wasser
1 EL Honig
1 EL Meersalz
2 Knoblauchzehen
Thymian, Zitronenmelisse, Kresse

Den Spinat gründlich waschen, die Stiele entfernen und die Blätter in Streifen schneiden. Tomaten und Zwiebeln fein gewürfelt zusammen mit den fein geschnittenen Oliven und geraspelten Nüssen über den Spinat geben.

Olivenöl, Obstessig und gepressten Knoblauch zu einem Dressing verrühren und über den Salat geben. Den „Allertaler Ziegenweichkäse" klein geschnitten über den Salat streuen.

Für das Baguette Mehl und Buchweizen in einer Schüssel vermischen. In die Mitte eine Vertiefung drücken und die in 100 ml Wasser aufgelöste Hefe zusammen mit dem Honig hineingeben. Die Masse mit etwas Mehl verrühren, mit wenig Mehl bedecken und 20 Minuten gehen lassen. Danach das restliche Wasser und Salz dazugeben, alles gut durchkneten und den Teig weitere 20 Minuten gehen lassen.

Jetzt ein Baguette oder 2 bis 3 kleinere formen und bei 200 ° C 50 bis 60 Minuten backen. Noch warm aufschneiden, mit Butter bestreichen, den Knoblauch einreiben und die klein geschnittenen Kräuter darüber streuen. Diese selbstgebackenen Kräuterbaguettes schmecken fabelhaft zum Alltertaler Spinatsalat.

Ummendorfer Mangoldröllchen mit Ziegenkäse

Dies ist ein deftiges Gericht, darum so verführerisch.

500 g Mangold
1 Bund Petersilie
1 Ei, 3 EL Semmelbrösel
4 EL Kalbsfond
Salz, Pfeffer
300 g Ziegenkäse, 500 g rote Paprikaschoten
100 g Zwiebeln, 2 Zehen Knoblauch
schwarzer Pfeffer aus der Mühle

Die Mangoldblätter verlesen, waschen und in kochendem Salzwasser etwa 3 Minuten blanchieren, unter fließendem, kalten Wasser abschrecken, gut abtropfen lassen. Dann von den Blättern die dicken Rippen herausschneiden, fein hacken und beiseite stellen.

Für die Füllung die Petersilie abspülen, trockenschütteln und fein hacken. Mit dem Ei, den Semmelbröseln und dem Kalbsfond verrühren und mit Salz und Pfeffer würzen. Die Mangoldblätter ausbreiten und die Semmelbröselmasse gleichmäßig darauf verstreichen. Den Ziegenkäse in Streifen schneiden und auf der Masse verteilen. Die Mangoldblätter seitlich einschlagen, vorsichtig aufrollen und mit den Holzzahnstochern zusammenstecken.

Die Paprikaschoten vierteln, von den weißen Rippen und Kernen befreien, waschen und in kleine Würfel schneiden. Die Zwiebeln und den Knoblauch schälen und fein hacken. Das Öl nun in einem Topf erhitzen, die Zwiebel- und Knoblauchwürfel darin glasig dünsten. Nun die Paprikawürfel gemeinsam mit den fein gehackten Mangoldrippen unter die Zwiebel-Knoblauchmasse rühren und das Ganze mit Salz würzen. Die Mangoldröllchen auf diese Mischung setzen und zugedeckt etwa 10 Minuten bei mittlerer Hitze dünsten.

Allertaler Ziegenkäseschnitzel

4 bis 5 Scheiben „Allertaler Ziegenweichkäse“ pur
2 frische Eier
50 g Semmelbrösel
20 g Vollkornmehl
Salz, Pfeffer, Paprika edelsüß
Sonnenblumenöl
100 g Preiselbeeren

Die Eier auf einem flachen Teller verrühren und mit Salz, Pfeffer und Paprikapulver würzen. Die Ziegenkäsescheiben zuerst im Vollkornmehl, danach in den verrührten Eiern und zum Schluss in den Semmelbröseln wälzen, bis sie mit Panade bedeckt sind. Nun in der Pfanne in viel Sonnenblumenöl bei kleiner Hitze von beiden Seiten goldbraun backen. Danach die Ziegenkäseschnitzel vorsichtig auf vier Teller geben und mit den Preiselbeeren zusammen anrichten.

Ummendorfer Ziegenkäsetöpflein

(für 4 bis 6 Personen)

1 rote und 1 gelbe Paprikaschote
1 Zucchini von ca. 250 g
2 EL Olivenöl
Salz, Pfeffer aus der Mühle
4 Blatt Gelatine
50 g entsteinte schwarze Oliven
50 g Sahne
500 g Ziegenfrischkäse „Ummendorfer Töpflein“
1 TL getrocknete Kräuter der Provence

Für das Ummendorfer Ziegenkäsetöpflein braucht man 40 Minuten Zubereitung, aber 12 Stunden Kühlzeit!

Den Backofen auf die Grillstufe einstellen oder auf 220 ° C, bei Umluft auf 200 ° C, als Gasherd auf die Stufe 4 bis 5 vorheizen.

Die Paprikaschoten waschen, längs vierteln und dabei Stielansätze, Samenkerne und weiße Trennwände entfernen. Die Schotenstücke mit der Hautseite nach oben auf einem Blech im heißen Ofen 20 bis 25 Minuten backen, bis die Haut sich dunkel färbt. Die Zucchini waschen, Stiel- und Blütenansatz entfernen. Dann die Zucchini längs in 5 Millimeter dicke Scheiben schneiden und im Olivenöl in 4 bis 5 Minuten nicht zu weich braten! Die Scheiben auf einen Teller legen, salzen und pfeffern. Die Gelatine in kaltem Wasser einweichen, ausdrücken und in einem kleinen Topf unter Rühren auflösen. Die Sahne in die Gelatine ein- und mit dem Ziegenfrischkäse verrühren. Fein gehackte Oliven und Kräuter der Provence dazugeben und alles mit Salz und Pfeffer abschmecken. Die Paprikaschoten aus dem Ofen nehmen, auf ein feuchtes Geschirrtuch legen und 5 Minuten ruhen lassen. Danach die Haut von den Schoten ziehen. Eine Kastenform von ungefähr einem Liter Inhalt quer mit den Zucchinischeiben auslegen. Die Scheiben können dabei leicht überlappen. Dann abwechselnd Käse und Paprikascheiben einschichten, die überstehenden Zucchinischeiben darüber klappen und das Ganze leicht in die Terrine pressen. Die Terrine 12 Stunden abgedeckt kühl stellen. Vor dem Servieren die Terrinenform kurz in heißes Wasser tauchen, auf ein Brett stürzen und das Ummendorfer Ziegenkäsetöpflein nun mit einem in heißes Wasser getauchten Messer in Scheiben geschnitten und auf einer Platte anrichten. Dazu knuspriges Bauernbrot oder Baguette.

Ja, wird sich der eine oder andere fragen, gibt es keine Rezepte zu Ziegenfleisch?
Auf dem Ummendorfer Ziegenhof nicht.
Aber vielleicht tröstet ja diese Geschichte:

2003 hatte der aus dem Togo stammende und in Wuppertal lebende Maler und Bildhauer Amouzou Amouzou Glikpa eine Doppelausstellung im MDR Landesfunkhaus Magdeburg und im *eine*welt haus Magdeburg. Bei dieser Gelegenheit kochte er in Samswegen für 14 Leute ein Mahl mit Ziegenfleisch. Wobei lediglich 1500 g Ziegenfleisch zum Einsatz kamen. Mehr hatte der Ziegenhof gerade nicht in der Kühlkammer. Aber es hat herrlich geschmeckt und alle waren satt und zufrieden. Am Tisch saßen Freunde Amouzous aus Wuppertal und Magdeburg und die Samsweger Nachbarn der Gastgeber.

„Aber sage deinen Leuten, dass in Afrika jeder sein eigener Professor-Doktor am Feuer ist. Da gibt es keine Grammzahlen und einen solchen Schnickschnack. Ein afrikanisches Essen muss drei Bedingungen erfüllen: Es muss gut riechen. Es muss gut schmecken und es muss gut aussehen. Wenn das alles zusammentrifft, ist das Gericht fertig. Bis es fertig ist, wird gekocht." Das also ist eine der Kochweisheiten Amouzou Glikpas, der übrigens sieben Jahre in Peking Kunst studierte und deshalb durchaus nicht nur perfekt chinesisch sprechen, sondern auch kochen kann. Amouzou Amouzou Glikpa arbeitet, das sei für Kunstinteressierte angefügt, auch im Atelier von Prof. Tony Cragg.

„Samsweger Ziegenfleisch nach togolesischer Art mit Tomaten- und Spinatsoße" ist eine spezielle Komposition aus Fleisch, Seefisch, vielerlei Gewürzen und Gemüsen, Yam-Wurzeln und Kochbananen sowie Reis. Vielleicht kommen Sie einmal nach Samswegen und lassen sich das (für dieses Buch etwas zu umfangreiche) Rezept verraten...

Foto links:
Die Welt zu Gast in der Provinz
Foto rechts:
Amouzou Amouzou Glikpa bei der Zubereitung einer seiner Spezialitäten

HARZ

Klösterliche Küchenimpressionen

Harzer Küche aus dem Dedelebener Turteltaubenparadies

Romantische Nacht und „Grüner Teller“

Wiederentdeckte Traditionen

Front Cooking in der Rosenstadt Sangerhausen

A heartful place in Wernigerode

„Ein schönes patriotisches Lied singend, zogen wir durch das heitere Ilsenburg und kehrten ein in der roten Forelle. Bei diesem guten Wirtshause ... ist ein herrlicher Garten, wo ich liebliche Mädchengesichter und schöne Blumen sah, und mit einigen Hallensern zu Mittag aß und wirklich gute Suppe und guten Wein genoß..."

Wo soll man zu schwärmen beginnen? Der Harz, man merkt das an der Literatur, ist das deutscheste aller deutschen Gebirge: Der Nationaldichter Johann Wolfgang von Goethe (1749-1832) lässt in seinem „Faust", die Hexen und Herrn Urian auf dem Brocken tanzen, Heinrich Heine (1797-1856) beschreibt ihn in seiner Harzwanderung. Hermann Löns (1866-1914) prägte das Wort von der „bunten Stadt Wernigerode", Friedrich Gottlieb Klopstocks (1724-1803) Geburtshaus steht am Schlossberg von Quedlinburg. Das Gleimhaus erinnert an den Vater aller Briefeschreiber und Dichter Johann Wilhelm Ludwig Gleim (1719-1803).

Sagenträchtig ist der Harz ohnehin. Man denke nur an Emmas Flucht vor dem Bösewicht Bodo, die der Rosstrappe zu Eindruck, Namen und Sage und der Bode zum Namen verhilft, an die beiden Schwestern, die Wernigerode erbauten, an Hexensagen und Teufelsbegegnungen.

Die Harzer Schmalspurbahnen durchqueren auf drei Linien den Harz und bringen auch faule Wanderer auf den Brocken, ins Selketal oder quer durchs Gebirge. Ein Erlebnis ist das allemal. Die Burg Falkenstein bietet Wissenswertes über Eike von Repgow (1180/90-nach 1233), der den Sachsenspiegel ins Deutsche übersetzte, und Flugschauen der burgeigenen Falknerei, wo man dem Flug der Greifvögel zusehen kann.

Der Nationalpark Harz gibt auch der Wildnis im Harz eine Chance. Luchs und Wildkatze leben wieder hier. Vielleicht gibt es eines Tages auch wieder Wölfe im Harz. Auf dem Löwenzahnpfad von Drei Annen Hohne lässt sich´s in Familie trefflich wandern und lernen. Die Harzforelle erinnert an die Vielzahl der Ausflugsgaststätten.

Das Wernigeröder Märchenschloss zeigt ab 2006 auch die wunderschönen Schlossgärten in alter Pracht. Über das Werk von Lyonel Feininger (1871-1956) kann man sich in der Quedlinburger Feininger-Galerie informieren. Quedlinburg mit seiner zum UNESCO-Welterbe erklärten Altstadt ist ohnehin seit dem 15. Jahrhundert ein Freilichtmuseum des deutschen Fachwerkbaus. Deutsche Geschichte beginnt eigentlich hier, als Heinrich (876-936), dem sächsischen Herzog, 919 die Königskrone angetragen wird.

Zum Harz gehören neben dem Brocken so romantische Orte wie das Selketal, wilde Gebirgswasser wie die Bode, wundervolle Barockgärten wie in Blankenburg und natürlich auch die Rapp-Bode-Talsperre. Gleich zwei der wertvollsten Domschätze Deutschlands sind in der Quedlinburger Stiftskirche und im Halberstädter Dom zu besichtigen.

Foto rechts:
Rathaus in Wernigerode

Klösterliche Küchenimpressionen

Die Zwerge vom Kloster Michaelstein
Am Michaelstein wurden mehrere Male Zwerge beobachtet. Sie zogen den Goldbach hinauf. In der Senke zwischen den Bergen sah man sie mit aufgesetzten Kapuzen hinter der Mauer entlang ziehen. Oft war auch Spatenklirren zu vernehmen. Schließlich verschwanden die Zwerge aber aus der Gegend. Das Kloster verfiel. Sie sollen, erzählt man im Harz, nach Osten gewandert sein.

Die Grafen von Regenstein zogen es einst vor, ins gastliche Blankenburg umzuziehen, statt weiter auf der kalten Burg zu frieren. Offensichtlich besaß die kleine Stadt am Harz schon damals Anziehungskraft: mit dem barocken großen Schloss, dem als Museum dienenden kleinen Schloss und den wunderbaren Gärten, wobei der modern gestaltete Fasanengarten heute neben dem barocken Terrassengarten als ein besonderes Kleinod zu entdecken ist. Und ebenso stehen dem Stadtrat mit der ehemaligen preußischen Festung Regenstein, dem Kloster Michaelstein und der Teufelsmauer genügend Kostbarkeiten für ein bewundernswertes touristisches Schatzkästlein zur Verfügung.

In der Tradition der Mönche

Das Zisterzienserkloster Michaelstein konnte trotz des Gelübdes klösterlicher Armut bereits 1139 auf wachsenden Besitz blicken. Reichtum aber löst Neid aus. Die Klosterkirche fiel 1525 aufständischen Bauern zum Opfer und blieb seither Ruine. Nach bewegter Geschichte beginnt 1968 die Wiederherstellung des Klosters auf Initiative des Telemann-Kammerorchesters und seines damaligen Dirigenten, Dr. Eitelfriedrich Thom. 1997 entsteht hier die öffentlich-rechtliche „Stiftung Kloster Michaelstein – Musikinstitut für Aufführungspraxis".

Der klösterliche Kräutergarten wird Teil des Museums, das über eine hochinteressante Musikinstrumenten-Ausstellung verfügt. Den Zisterziensern ist auch die Anlage der Fischteiche und der Mühlenbetrieb zuzuschreiben. Das vor dem Kloster befindliche Restaurant „Zum Klosterfischer" wurde von 1720 bis 1870 als Mühle und Braustätte genutzt. Später fungierte es als Wohnhaus des Fischmeisters des Herzogs August von Braunschweig.

Als Hans Zordel, der heutige Besitzer der Fischteiche vom Michaelstein, 1993 die Teiche erwarb, besetzte er sie in der Tradition der Mönche mit Plötzen, Hechten, Karpfen, Rotfedern und Schleien. In Altenbrak, Susenburg und Rübeland unterhält er eine Forellenzucht.

Foto rechts: Romantische Szenerie auf dem Michaelstein

Jörg Handschak ist der Fischmeister vor Ort. Der aus Brandenburg stammende Fischer wohnt seit 25 Jahren im Harz. Die Arbeit in der Natur reizt ihn immer noch. Förster hat er werden wollen. Oder Fischer. Am Ende gab für die Wahl das Tier den Ausschlag: „Fische

Foto rechts: Chefklosterfischerkoch Fred Schalk

können nicht klagen. Man muss ein Auge für die Tiere haben, dass man sehen kann, ob es ihnen gut geht oder nicht. Ich sah das."

So wurde aus dem Förstersohn der Fischersmann, dessen Hobby heute noch die Jagd, damit verbunden aber auch die Hege ist. Träume? Ja, sagt er, einen Traum gäbe es auch noch: Kanada, die Weite, die Freiheit und die Ruhe. Denn hier in Deutschland haben wir zu leben verlernt. Weite und Ruhe gehören zu einem Leben in Harmonie mit der Natur und mit sich.

Fred Schalk, der Chefklosterfischerkoch, würde das glatt unterschreiben, mit einem Zusatz: Das gute Essen. Da gehören Sorgfalt und Ruhe dazu. Eine gute Qualität an Fischen, wie sie aus Zordels Fischzucht mit Handschakscher Sorgfalt herangezüchtet und zur Ernte bestimmt werden – und ein guter Koch, der mit den von der Natur in seine Hände gegebenen Nahrungsmitteln auch etwas anzufangen weiß.

Fred Schalk ist ein Koch, wie er im Buche steht: Fröhlich unverzagt arbeitet der Quedlinburger seit 1976 im Beruf. Als er 2000 hörte, dass der „Klosterfischer" eröffnet werden soll, fuhr er in den Schwarzwald, denn hier hat die Familie Zordel ihren Stammsitz. Da zu kochen, wo sich einst Mönche um das Seelenheil ebenso verdient machten wie um das Wohl des Leibes, das wollte er künftig gerne tun. Hans Zordel erkannte, dass da einer für seine Idee brannte und machte Fred Schalk zu seinem Küchenmeister in Blankenburg.

Jörg Handschak und Fred Schalk
Hotel & Fischrestaurant „Zum Klosterfischer" und „Zordels Fischzuchten"
Michaelstein 14, 38889 Blankenburg/Harz, Tel.: 03944/351114
klosterfischer@t-online.de, www.klosterfischer.de

Kartoffelpuffer nach Art der Fischerin

1 kg mehlig kochende Kartoffeln
1 Zwiebel
2 Eier
Salz, Pfeffer
1 kleine grüne Gurke
2 Räucherforellenfilets ohne Haut
1 kleines Bund Kerbel
1 TL scharfer Senf
150 g Schmand
gemahlener Kreuzkümmel
Butterschmalz zum Braten

Die geschälten Kartoffeln fein reiben und in einem Tuch ausdrücken. Die dabei anfallende Flüssigkeit auffangen. Die Zwiebel schälen, fein hacken und zusammen mit den beiden Eiern unter die Kartoffel geben. Das Kartoffelwasser vorsichtig abgießen, so dass die Stärke übrigbleibt. Diese unter den Kartoffelteig rühren, mit Salz und Pfeffer abschmecken.

Die Gurke schälen, längs halbieren und die Kerne herausschaben. Die Gurkenhälften quer in dünne Scheiben schneiden. Die Räucherforellenfilets vorsichtig in Streifen schneiden.

Für die Kerbelcréme den Kerbel fein hacken, mit Senf und Schmand vermischen und mit Salz und einer Prise Kreuzkümmel abschmecken.

In einer Pfanne reichlich Butterschmalz erhitzen und die Kartoffelpuffer mit einem Durchmesser von ca. 6 bis 8 Zentimeter portionsweise ausbacken. (Mit einem Esslöffel kleine Teighäufchen in die Pfanne setzen, glatt streichen und die Puffer von beiden Seiten jeweils 3 bis 4 Minuten goldbraun braten.)

Die Kartoffelpuffer mit den Gurkenscheiben und den Forellenfiletstreifen belegen und mit der Kerbelcréme servieren.

Klosterfischers gebratene Bachforelle

4 Bachforellen oder Regenbogenforellen
Salz, Pfeffer
250 g Mehl
200 g Butterschmalz
4 Tomaten
1 große Zwiebel
1 Bund Schnittlauch, 1 Bund Petersilie
800 g Kartoffeln

Die Forellen, sofern man dies nicht bereits beim Einkauf hat machen lassen, ausnehmen und den Kopf abtrennen. Die Fische unter fließendem, kaltem Wasser waschen und mit Küchenpapier abtupfen, von innen wie von außen kräftig mit Salz und Pfeffer würzen.

Vor dem Braten die Forellen in Mehl wenden. Die Hälfte vom Butterschmalz in der großen Pfanne erhitzen, die Forellen darin auf jeder Seite 3 1/2 bis 4 Minuten nicht zu heiß braten. Anschließend die Fische aus der Pfanne nehmen und das verbrauchte Butterschmalz abgießen.

Die Tomaten mit einem scharfen Küchenmesser an ihrer Oberseite kreuzweise einschneiden, mit kochendem Wasser überbrühen, häuten, entkernen und das Fruchtfleisch in kleine Würfel schneiden. Die Zwiebeln schälen und fein würfeln. Das übrige Butterschmalz in der Pfanne zerlassen und die Tomaten- und Zwiebelwürfel darin anbraten. Dann die Forellen dazugeben und sie im vorgeheizten Backofen bei 180 ° C etwa 3 bis 4 Minuten kross backen lassen.

Die Forellen auf vorgewärmte Teller geben, mit fein geschnittenen Schnittlauchröllchen bestreuen und mit in Butter und Petersilie geschwenkten Salzkartoffeln servieren.

Lachsforelle vom Klosterteich aus dem Sud

1 frisch geschlachtete Lachsforelle von 1,5 bis 2 kg
etwa 1/2 Sellerieknolle
1 Möhre
1 Stange Lauch
2 kleine Zwiebeln
1 Lorbeerblatt, 2 Gewürznelken
10 weiße Pfefferkörner
2 Zweige Dill
2 Zweige glatte Petersilie
0,1 l trockener Weißwein
1 unbehandelte Zitrone
4 Zweige Kerbel
100 g kalte Butter
Salz, weißer Pfeffer

Sellerie, Möhren und Lauch putzen, fein schneiden, die Zwiebeln schälen und in Ringe schneiden. Das zerkleinerte Gemüse zusammen mit Lorbeer, Gewürznelken, Pfefferkörnern, Dill und Petersilienzweigen in einen großen, breiten Topf geben, das leicht gesalzene Wasser und den Wein dazugießen. Zu diesem Sud noch die Schale einer viertel Zitrone zufügen und alles aufkochen.
Die ganze Lachsforelle vorsichtig hineinlegen, eventuell auch mit der heißen Flüssigkeit übergießen und zugedeckt bei geringer Hitze etwa 20 Minuten garziehen lassen.
Etwa 0,1 Liter des Forellensuds durch ein Sieb gießen und erneut erhitzen. Den Kerbel in den Sud zupfen, nach und nach die Butter flöckchenweiße unterschlagen. Die Soße mit Zitronensaft, Kerbel, Salz und frisch gemahlenem Pfeffer würzen. Die Lachsforelle aus dem Sud heben und abtropfen lassen. Ist sie ein wenig abgekühlt, das Filet von der ganzen Lachsforelle lösen, dabei die Haut entfernen. Das Filet auf vorgewärmten Tellern anrichten und mit Soße überziehen. Als Beilage passen knackig gegarte Gemüsestifte von Möhren, Staudensellerie, weißen Rübchen, Lauch und in Butter geschwenkte, neue Salzkartoffeln.

Klosterfischers Leibgericht

Für den Teig:
2 Eier, 1 Prise Salz
4 EL Sonnenblumenöl
2 EL Mineralwasser mit Kohlensäure
250 g Mehl

Für den Belag:
100 g Schinkenspeck
Forellenfilet
150 g frische Bärlauchblätter
50 g Butter, 4 Eier
200 g saure Sahne
2 EL Reibekäse
1 Prise Salz, frisch gemahlener schwarzer Pfeffer
1/2 TL Kümmel
Schmand

Das Mehl auf ein Backblech sieben, in die Mitte eine Vertiefung drücken. Die Eier, das Salz, das Öl und das Mineralwasser hineingeben. Mit einem Messer die Teigzutaten zerhacken, die Brösel rasch zu einem glatten Teig verarbeiten und diesen abgedeckt eine Stunde an einem kühlen Ort ruhen lassen.
Für den Belag den Speck in kleine Würfel schneiden und anbraten. Das Forellenfilet gleichfalls in Würfel schneiden und beiseite stellen. Die Bärlauchblätter gut gewaschen klein schneiden und mit der Butter zu den Speckwürfeln geben. Das Ganze 5 Minuten dünsten und dann auskühlen lassen. Inzwischen die Eier verquirlen, den gedünsteten Bärlauch, Speck, Sahne, Käse, Gewürze und Forellenfiletwürfel zufügen und alles vorsichtig verrühren.
Den Teig ausrollen und in eine gefettete Form geben, mehrmals mit einer Gabel einstechen. Die Bärlauchmasse auf dem Teig verteilen und im vorgeheizten Backofen bei 180 ° C etwa 45 Minuten backen. Klosterfischers Leibgericht wird mit Schmand und Bärlauchblättern heiß serviert.

Harzkäseauflauf mit Kümmelschaum

Außer der Forelle hat der Harz beinahe sprichwörtlich auch den Harzer Käse zu bieten. Deshalb gibt es vom „Klosterfischer"-Koch Fred Schalk zum Abschied auch noch ein „Augenzwinkern" aus dem Harz:

Für den Auflauf:
75 g reifer Harzkäse
1/4 l Vollmilch, Salz, Pfeffer, 50 g Butter
50 g Mehl, 6 Eier
etwas Butter für die Förmchen

Für den Kümmelschaum:
0,3 l trockener Weißwein
1/2 Tasse zerstoßener Kümmel
1/2 Tasse getrockneter Fenchel
10 Pfefferkörner, 3 Pimentkörner
1/2 Lorbeerblatt
3 Eigelb
Salz, Pfeffer
20 g kalte Butter
Radieschen, Schnittlauch

Für den Auflauf den Harzer Käse raspeln oder fein würfeln. Die Milch mit 1 Prise Salz, Pfeffer und der Butter aufkochen. Das Mehl auf ein Pergament sieben und auf einmal in die kochende Milch geben. Die Milch ständig mit einem Holzlöffel rühren, bis sich ein Kloß und auf dem Topfboden ein weißer Belag bildet.

Den Topf vom Herd nehmen, schnell ein rohes Eiweiß unter die heiße Masse ziehen, den Teigkloß in eine Schüssel geben und nach und nach 5 Eigelb unterrühren, bis eine geschmeidige Masse entsteht. Den Harzer Käse hineingeben und gut verrühren.

Die 5 Eiweiß steif schlagen und vorsichtig unter die Masse heben. Die Portionsförmchen ausbuttern und zu 1/4 mit der luftigen Masse füllen. In einem Wasserbad im vorgeheizten Backofen bei 150 ° C etwa 20 Minuten garziehen lassen, wieder aus dem Ofen nehmen. Den Auflauf vor dem Stürzen eventuell am Rand mit einem Messer lösen.

Für den Kümmelschaum den Weißwein mit den Gewürzen in einem Topf auf- und bis auf 1/3 der Menge einkochen. Den Sud durch ein mit einem Tuch ausgelegtes Sieb geben. In den klaren Sud die Eigelb schlagen und in einem heißen, nicht kochenden Wasserbad zu einem luftig-dicklichen Schaum aufschlagen. Den Schaum mit Salz und Pfeffer abschmecken und die kalte Butter flöckchenweiße unterrühren.

Die einzelnen Portionen auf vorgewärmte Teller setzen, mit dem Kümmelschaum angießen und mit Radieschenstreifen, Schnittlauchröllchen und etwas Kümmel bestreut servieren.

Harzer Küche aus dem Dedelebener Turteltaubenparadies

Im Sommer 2005 biwakierte die 1. leichte Kompagnie der Avantgarde des Herzoglich Braunschweigischen Feldkorps auf der Westerburg. Der Schwarze Herzog rief zum Kampf gegen die napoleonische Fremdherrschaft auf. Die Darstellungsgruppe stammt aus Braunschweig und existiert seit 1996. Die Damen im Foto rechts sind die Marketenderweiber der bunten Truppe.

Der kleine Ort im Vorharz, unweit Schöningen und im Landkreis Halberstadt gelegen, gehört zu einem Gebiet, dass urkundlich erstmals 1052 in einer Schenkungsurkunde Kaiser Heinrich III. (1017-1056) als dem Bistum Halberstadt zugehörig auftaucht.

Deutschlands am besten erhaltene Wasserburg aus romanischer Zeit, die Westerburg, liegt unweit des Ortes. Hier befindet sich heute nicht nur das Romanik Hotel Westerburg, hier gibt es auch den jährlichen Kultursommer.

Wie der Traum vom Hotel durch die Liebe zu alten Steinen Wirklichkeit wird

Wahrscheinlich kam die Feste 1180 als Lehen an den Grafen von Regenstein. Urkundlich nachgewiesen ist ihr Besitz ab 1335. 1534 verpfändete Graf Ulrich von Regenstein die Westerburg an die Herren von Dorstadt, 1546 an Matthias von Veltheim. Durch Heirat gelangte schließlich Joachim von der Schulenburg in den Besitz der Anlage. 1701 fiel die Burg an Preußen, dessen königlicher Familie ab Friedrich I. die Burg als Einnahmequelle diente. Zwischenzeitlich gehörte sie auch einer Schwester Napoleons, Pauline, nämlich von 1807 bis 1813.

Das älteste erhaltene Bauwerk ist der Bergfried aus dem 13. Jahrhundert. In der dritten Bauphase um 1500 wurde weitgehend das heutige Erscheinungsbild geschaffen. Ein Juwel – und heute Trauort – ist die Schlosskapelle, die 1681 in barockem Baustil entstand. Zur Zeit der „Burgenromantik" des 19. Jahrhunderts wurde in der alten Rüstkammer ein Rittersaal eingerichtet, im großen Saal ein Jagdzimmer. Die eindrucksvolle Vorburg ist wahrscheinlich bereits im Mittelalter als Wirtschaftshof genutzt worden.

Als Silvia und Hartmut Lerche, seit einigen Jahren Inhaber einer Gaststätte in Derenburg, auf ihren Fahrradtouren zur Westerburg kamen, bot sich ein Bild des Verfalls.

„Man sagt mir in meiner Familie nach, dass ich eine Liebe zu alten Steinen habe", erzählt Hartmut Lerche. In der ohnehin knapp bemessenen Freizeit machte sich Familie Lerche oft auf, alte Burgen, Kirchen, Klöster zu besichtigen.

Als sie die Westerburg für sich entdecken, bekommt Silvia Lerche Konkurrenz in der Liebe ihres Mannes: „Eigentlich müsste man daraus ein Hotel machen." Je länger sie sich damit beschäftigen, desto mehr reizt sie beide der Gedanke. Innerhalb eines halben

Foto links:
Familie Lerche auf
der Stiege zum
Turteltaubennest

Jahres krempeln sie 2000 die verwahrloste Burg zu dem Hotel heutiger Prägung um, dass inzwischen 36 Mitarbeitern einen Arbeitsplatz bietet.

Auffällig ist die Freundlichkeit im Hause. „Wir schauen darauf, dass unsere Mitarbeiter eine natürliche, innere Freundlichkeit haben. Die hat man, die kann man nicht lernen. Alles andere ist erlernbar", sagt Hartmut Lerche. Inzwischen gibt es noch etwas Einmaliges für Deutschland auf der Burg: Der historische Taubenturm ist zu einem Hotelzimmer für Turteltauben umgebaut worden. Für Romantiker eben.

Silvia und Hartmut Lerche
Romanik Hotel Wasserschloss Westerburg
Westerburg 34, 38836 Westerburg/Dedeleben
Tel.: 039422/9550, Fax: 039422/95566
lerche@hotel-westerburg.de, www.hotel-westerburg.de

Holundersuppe mit Grießklößchen

Für die Suppe:
1 kg Holunderbeeren
3/4 l Wasser
20 g Stärke
brauner Zucker
4 Äpfel
100 ml Rotwein

Für die Grießklößchen:
170 ml Milch
50 g Zucker
60 g Butter
Salz
250 g Grieß
1-2 Eier

Die verlesenen, gewaschenen Beeren mit Wasser kochen, dann durch ein Sieb gegeben. Die Stärke mit kaltem Wasser anrühren und damit den Saft binden. Die Äpfel in kleine Würfel geschnitten in die Suppe geben. Alles aufkochen und mit Wein und Zucker abschmecken.
Für die Grießklößchen die Milch mit dem Fett, dem Zucker und einer Prise Salz aufkochen, den Grieß hineinrieseln lassen, das Ganze aufkochen und anschließend abkühlen. Die aufgeschlagenen Eier unterheben. Mit einem Teelöffel den Teig in heißem Wasser abstechen. Die kleinen Klößchen gar ziehen lassen.
Die Grießklöße können sowohl extra gereicht als auch in die Suppe gegeben werden.

Harzer Eintopf

1 kg Kartoffeln
Zwiebeln
Porree
pro Person 200 g Bauchspeck, in feine Scheiben geschnitten
pro Person 150 g Kasselernackenscheiben, in feine Scheiben geschnitten
300 ml saure Sahne

Das Fleisch, sofern es nicht schon der Fleischer getan hat, in feine Scheiben schneiden. Das Gemüse, einschließlich der Kartoffeln, hobeln. Einen feuerfesten, entsprechend großen Topf mit Speckscheiben auslegen. Darauf kommen 1 Schicht Kartoffeln, 1 Schicht Porree, 1 Schicht Zwiebeln. Dann nochmals 1 Schicht Kartoffeln, 1 Schicht Porree, 1 Schicht Zwiebeln, darauf die Kasselernackenscheiben.
Auf das Fleisch folgen wiederum 1 Schicht Kartoffeln, 1 Schicht Porree, 1 Schicht Zwiebeln und 1 Schicht Kartoffeln als Abschluss. Nun alles fest andrücken, mit der Sahne aufgießen und bei 90 ° C in die Backröhre schieben. Den Topf solange in der Röhre lassen, bis die oberste Schicht Kartoffeln gar ist.
Diese Speise braucht man nicht würzen. Die Zutaten bringen den herzhaften Geschmack selbst mit. Als Getränk empfiehlt sich ein kühles Bier.

Kleckerklump

Für die Suppe:

500 g Rindfleisch, Wasser
Suppengrün (Petersilie, Schnittlauch, 1 Möhre, 1 Scheibe Sellerie)
250 g Erbsen, 250 g Möhren
1 kleiner Blumenkohl
1 Stange Lauch
Liebstöckel
Petersilie zum Bestreuen
Pfeffer, Salz

Für den Klump:

100 g Butter
5 Eier
150 g Semmelmehl
Salz, Pfeffer
Muskat

Aus dem Rindfleisch und dem Suppengrün in mindestens 2 Stunden eine schöne Brühe kochen. Das Gemüse inzwischen in kleine Stücke schneiden, dünsten und dann mit der fertigen, durchgesiebten Brühe auffüllen. Zuvor das Fleisch aus der Brühe nehmen, ein wenig abgekühlt in feine Stücke schneiden und gleichfalls wieder an die Suppe geben.

Für den Klump die Butter zerlaufen lassen und abkühlen. Die aufgeschlagenen Eier dazugeben, die geriebene Semmel darunter heben und mit Salz, Pfeffer und Muskat würzen. Die Masse quellen lassen und mit einem Suppenlöffel abstechen, sachte in die heiße Suppe kleckern (!) lassen und dabei darauf achten, dass die Suppe nicht mehr kocht. In dem Falle würde der Klump zerfallen. Die Suppe auf Teller verteilen und mit reichlich gehackter Petersilie bestreuen.

Harzer Wurzelfleisch

800 g Tafelspitz oder falsches Filet vom Rind
2,5 l Wasser, Salz, 5 bis 6 Wacholderbeeren
10 Pfefferkörner, 2 Lorbeerblätter, Knoblauch
1 Stange Porree, 3 große Möhren, 400 g Sellerie
4 Zwiebeln, 4 EL geriebener Meerrettich
Essig, 1 Bund Petersilie

Das Fleisch unter fließendem Wasser waschen, von Sehnen befreien und, je nach Geschmack, im Stück oder geteilt in etwa 2,5 Liter Wasser ansetzen und langsam aufkochen. Abschäumen und mit Salz, den zerdrückten Wacholderbeeren, den Pfefferkörnern, den Lorbeerblättern und dem fein gewürfelten und zerdrückten Knoblauch würzen. Nun das Gemüse putzen, in grobe Stücke schneiden und in der Brühe garen. Ist das Gemüse bissfest, aus der Brühe heben und in Stifte schneiden. Die Zwiebeln in Scheiben schneiden, hell andünsten, mit geriebenem Meerrettich würzen und mit dem Essig ablöschen. Den Sud reduzieren, die Gemüsestifte zufügen und die Suppe noch einmal abschmecken. Das Wurzelwerk auf vier Tellern anrichten, das in Scheiben geschnittene Fleisch obenauf legen und mit gehackter Petersilie und dem geriebenen Meerrettich bestreuen. Als Beilage einfache Salzkartoffeln oder auch Kartoffelpüree.

Magdeburger Schinken-Chicorée

4 Stauden Chicorée
150 g gekochter Schinken
150 g geriebener Emmentaler Käse
1/8 l Sahne
30 g Butter
Zitrone, Weißwein, Olivenöl
Salz, Pfeffer

Den geputzten Chicorée je nach Größe halbieren oder vierteln, kurz in Olivenöl anbraten, dabei darf er keine Farbe nehmen. Das Ganze mit Weißwein ablöschen, vom Feuer nehmen und würzen. Die Schinkenscheiben ausbreiten und den Chicoree einzeln in den Schinken wickeln, die Rollen in eine gebutterte Auflaufform geben. Mit Reibekäse bestreuen, mit Weißweinfond und der Sahne übergießen und im Grill – oder im Backofen, aber nur mit Oberhitze – bei 180 ° C gratinieren, bis der Käse schön goldgelb ist. Dazu schmeckt Reis oder ein Kräuterbaguette.

Kohlrabi mit Schinken nach Halberstädter Art

6 mittelgroße junge Kohlrabi
40 g Butter
200 g roher Schinken
1 EL Mehl, 2 Eigelb
250 ml Sahne
Salz, brauner Zucker, Muskat

Die Kohlrabi dünn schälen, danach in feine Scheiben geschnitten mit Butter andünsten und mit Salz, Zucker und Muskat würzen. Nun mit der Hälfte der Sahne auffüllen, den Schinken würfeln und unterheben, die jungen Kohlrabiblätter gleichfalls unterheben. Die Eigelb mit der restlichen Sahne gemischt über den Kohlrabi geben und in der Röhre bei 180 ° C goldgelb stocken lassen.
Als Beilage empfehlen sich Salzkartoffeln aus der Magdeburger Börde und Tomatensalat.

Halberstädter Pellkartoffeln mit Kümmel und Wurst

1 kg kleine Kartoffeln vom Bauern aus der Börde
Salz, Pfeffer
Kümmel
4 Halberstädter Bockwürste, über Buchenholz geräuchert
200 g Zwiebeln
100 g Schinkenspeck
50 g Margarine
100 g Mehl
400 ml Brühe
400 ml Milch
frische Petersilie
frischer Schnittlauch
frischer Estragon

Möglichst kleine Pellkartoffeln mit Salz und Kümmel kochen. In einem großen, breiten Topf die Margarine erhitzen, den in Würfel geschnittenen Speck darin auslassen und die in feine Scheiben geschnittenen Würstchen sowie die in grobe Würfel geschnittenen Zwiebeln hinzugeben. Alles ohne Farbe anschwitzen, mit dem Mehl bestäuben, bis weißer Schaum entsteht. Dann mit Milch und Brühe auffüllen, dabei langsam unter ständigem Rühren erhitzen und schließlich bei geringer Hitze leise köcheln lassen.
Nebenbei die garen Kartoffeln pellen und in dicke Scheiben schneiden und diese unter die Soße heben. Die gehackten Kräuter gleichfalls unterheben. Das Gericht abschmecken und servieren.

Die Halberstedter Pellkartoffeln sind ein herzhaftes und uriges Gericht. Ohne die Zugabe der Halberstädter Würstchen sind sie auch eine schmackhafte Beilage zu Steaks.

Halberstädter Tüte X

4 Schweinesteaks oder Koteletts á 150 g
4 mittelgroße Zwiebeln
4 Gewürzgurken
600 g geschälte Kartoffeln
100 g magerer Bauchspeck in fein geschnittenen Scheiben
Salz, Pfeffer
Senf
Kümmel
edelsüßer Paprika
Petersilie

Für jede Portion ein großes Stück Alufolie leicht einfetten und abwechselnd mit in feine Scheiben geschnittenen Kartoffeln und Zwiebeln belegen. Darauf grob gehackte Petersilie geben und dies mit Salz und Paprika würzen. Nun die Speckscheiben darauf legen. Die Steaks klopfen, mit Senf bestreichen, mit Kümmel bestreuen, mit Salz, Pfeffer und Paprika würzen. Die Speckscheiben mit den Steaks belegen. Einen Gurkenfächer und frische Petersilie auf das Fleisch geben. Jede Folie wie eine Tüte im Dreieck zusammenfalten und in der Röhre bei einer Temperatur von 260 ° C etwa 15 bis 20 Minuten garen. Die Steaks in der Tüte mit Salaten der Saison umlegt servieren.

Tipp:
Will man die Schweinesteaks ohne Tüte in der Pfanne herrichten, sollte man sie klopfen, würzen, mit Senf bestreichen, mit Kümmel bestreuen und in feinen Zwiebelwürfeln wenden und vorsichtig in heißem Fett von beiden Seiten braten.
Als Beilage empfehlen sich Bratkartoffeln, mit Majoran, Salz, etwas Pfeffer und Kümmel gewürzt, sowie frische Salate der Saison.

Sauerkrautkuchen

Für das Sauerkraut:
850 ml Sauerkraut
200 g Zwiebeln
100 g Butter
100 g Bauchspeck, 200 g Kasseler
Senfkörner, Zucker, Pfeffer, Salz
Lorbeer

Für den Teig:
125 g Butter, 125 g Zucker
1/2 Päckchen Vanillinzucker
2 Eier, 250 g Mehl
1/2 Päckchen Backpulver
1/4 l Milch

Den ausgelassenen Speck und die Zwiebelwürfel anschwitzen, Sauerkraut und Gewürze dazugeben, bissfest kochen und in eine Auflaufform geben. Die Butter sahnig rühren, nach und nach die restlichen Zutaten hinzugeben, zuletzt das mit dem Backpulver gemischte Mehl. Den Rührkuchenteig auf das Sauerkraut geben, den Kuchen mit dem in Streifen geschnittenen Kasseler bestreuen und backen, bis der Kuchen goldgelb ist.

Schnurdgewuppels

4 Eier
250 g Butter
2 Tassen Zucker, 2 Tassen Milch
1 Päckchen Backpulver
2 Messerspitzen Natron
1 Schuss Rum, Staubzucker

Die Zutaten miteinander verrühren, so dass ein dickflüssiger Teig entsteht. Fett in der Pfanne erhitzen, kleine, runde Kuchen darin ausbraten und mit Staubzucker überstäuben.

Romantische Nacht und „Grüner Teller“

Nach der Regel des Heiligen Benedikt soll ein Kloster so angelegt werden, dass sich alles Notwendige – Wasser, Mühle und Garten – innerhalb des Klosters befindet.

Die älteste Erwähnung des Benediktinerinnenklosters in Drübeck geht auf eine Urkunde Kaiser Otto des Großen aus dem Jahr 960 zurück, als dieser das Kloster mit Land bedachte. Seit Otto II. 980 das Kloster unter seinen unmittelbaren Schutz stellte, hatte die Äbtissin sogar die oberste Gerichtsbarkeit. Als Stifterin des Klosters gilt die Äbtissin Adelbrin.

Das Kloster, heute Evangelisches Tagungszentrum, steht an der Straße der Romanik und gehört zum touristischen Netzwerk „Gartenträume“, das 40 historische Parks und Gärten in Sachsen-Anhalt umfasst. „Der Grüne Teller“ heißt eine kulinarische Veranstaltungsreihe innerhalb der „Gartenträume“. Die Idee hierzu entstand im Kloster Drübeck.

Klosterköche kochen anders

An den Wochenenden bolzen auf einem Halberstädter Fußballplatz reifere Herren, die ehrbaren Berufen wie dem eines Polizeibeamten, eines Schweißers, eines Unternehmers oder dem eines Koches nachgehen. Die Herren laufen mannschaftlich zu elfen einem Ball hinterher, bis sie ihn, nach Möglichkeit, ins gegnerische Tor bugsiert haben. Sofern der Gegner das zulässt. Man kennt das ja. Aber drei- bis viermal im Jahr versammelt der Drübecker Küchenmeister Christian Fromm seine Herren und kocht mit ihnen in einer stets hochmotivierten Herrenrunde. „Männer kochen durchaus anders als Frauen“, weiß er zu berichten. „Irgendwie mutiger, rustikaler.“

Die Klosterküche von Drübeck ist nicht geeicht auf exotische Rezepte, obwohl die meisten Gäste Pastinaken für ein exotisches Gemüse halten. „Es ist unglaublich, wie wenig gerade junge Menschen um die Reichhaltigkeit einer nur einheimischen, gesunden Küche wissen – und wie viele bissfest gedünstete Lebensmittel immer noch für nicht gar halten.“

Die Vorliebe von Christian Fromm gehört einer gesunden Küche, die nicht langweilig schmeckt, die mit frischen Gemüsen aus der Region als saisongerechte Küche arbeitet, die mit Dicksäften und Honig süßt, die Wert auf wirklich frisches, saisongerechtes Gemüse und Obst aus dem Umland legt. Sein Sous-Chef Michael Friedrich, der aus der Schweizer Naturkostküche kommt, kann da nur zustimmen. Fromm, der Landwirtssohn, hat seine Lehre in Goslar absolviert, in Braunschweig im Unteroffizierskasino, schließlich dann drei Jahre in Heidelberg gekocht, um die süddeutsche Küche kennen zu lernen.

Foto rechts: Die fünf Gärten der Stiftsdamen im Kloster Drübeck strahlen Stille und Ruhe aus.

Natürliches genießen
mit Freude
in der Natur und
aus der Natur.
Philosophie des
„Grünen Tellers"

Das Evangelische Zentrum der Kirchenprovinz Sachsen hat mit dem Verzicht auf Catering und der Einrichtung einer eigenen Küche ein Zeichen gesetzt. Das war eine mutige Entscheidung. Der Geist eines Hauses wird auch über seine Küche in die Welt getragen – und formt hier nicht zuletzt das Bild, das Menschen von Kirche heute erhalten. In Drübeck hat sich diese Investition gelohnt. Das liegt an Menschen wie Christian Fromm, Michael Friedrich oder Brunhilde Langelüddecke, der Leiterin der Tagungsstätte, die miteinander diesem Haus mit Tradition ein modernes, aber aus dieser Tradition erwachsendes Profil geben wollen.

Von der Drübecker „Romantischen Nacht" spricht man bereits weit über Drübeck hinaus. Gäste aus einem Umkreis von einhundert Kilometern machen sich auf, das sommerabendliche Kloster bei Musik, Lesungen, dem Kennenlernen anderer Kulturen und gemeinsamem Essen und Trinken zu erleben, die Kirche, die Gärten der Kanonissinnen, den Klosterhof, die Bleichwiese...

Brunhilde Langelüddecke
Küchenmeister Christian Fromm (Foto rechts)
Evangelisches Zentrum der Kirchenprovinz Sachsen
Klostergarten 6, 38872 Drübeck
Tel.: 039452/94300, Fax: 039452/94345
b.langelueddecke@kloster-druebeck.de

„Der Grüne Teller"

Ein festliches Menü aus der Gesunden Küche

Wer das Menü genießen will, wie es gedacht ist, lädt sich Freunde ein. Denn Essen, ohne miteinander heftig und freundlich reden zu können, ist nur ein halber Genuss. Nach Möglichkeit sollte man es in Gottes freier Natur, in einem Garten oder Park einnehmen.
Zum Menü wird Tafelmusik von Johann Sebastian Bach, Wolfgang Amadeus Mozart und Georg Friedrich Händel empfohlen, wenn möglich, natürlich live gespielt. Dann haben Sie wohl alle Sinne beisammen.

1. Gang: Drübecker Klosterrosenbowle

8 frische, stark duftende Rosenblüten,
mindestens 30 Blütenblätter
125 g Würfelzucker
1 Prise Salz
6 cl Cognac
0,75 l trockener Rotwein von Saale-Unstrut
0,75 l trockener Weißwein von Saale-Unstrut,
Riesling
1,5 l Rotkäppchen-Sekt

Die frisch gepflückten, ausgeschüttelten Rosenblätter vom bitteren Stielansatz befreit in ein Bowlengefäß einlegen. (Wenn es nicht unbedingt sein muss, die Blätter nicht vorher waschen. Wenn doch, bitte gut abtropfen lassen.) Die Blütenblätter mit dem Würfelzucker bedecken, die Prise Salz darüber streuen. Den Cognac und ein Viertel vom Rotwein darauf gießen. Das abgedeckte Gefäß 1 bis 2 Stunden an einem kühlen Ort stehen lassen. Schließlich den restlichen Wein aufgießen, das Bowlengefäß bis zum Ausschenken in den Kühlschrank stellen und erst beim Ausgeben den eisgekühlte Sekt aufgießen.

2. Gang: St. Vitii Wegzehrung

Vollkornbrottaler mit Taubnesselaufstrich, Gundermann-Kartoffelaufstrich und Hüttenkäse-Salatrauke-Aufstrich (Zutatenmengen für die verschiedenen Aufstriche jeweils für 5 Personen)

Taubnesselaufstrich:
15 g Taubnesselblätter
10 g Sesammus
30 g Frischkäse
Balsamicoessig
Kräutersalz

Die Taubnesselblätter waschen, abtropfen lassen und mit dem Wiegemesser klein schneiden. Taubnesseln, Sesammus und Frischkäse zu einer Masse verrühren, behutsam mit Balsamicoessig (Aceto Balsamico) und Kräutersalz abschmecken.

Gundermann-Kartoffelaufstrich:
15 g Gundermann
30 g Kartoffeln
10 g Frischkäse
10 g Butter
geröstete Semmelkrume
Knoblauch, Salz, Pfeffer

Vom Gundermann die Blätter zupfen, waschen, abtropfen lassen, mit dem Wiegemesser klein schneiden und mit gekochter Kartoffel, Frischkäse, dem geschälten und fein geschnittenen Knoblauch sowie der in Butter gerösteten Semmelkrume zu einem leckeren Brotaufstrich verrühren. Mit Salz und Pfeffer abschmecken.

Hüttenkäse-Salatrauke-Aufstrich
15 g Salatrauke, 40 g Hüttenkäse
10 g Butter, geröstete Semmelkrume
Zitronensaft
Kreuzkümmel

Die kräftig schmeckenden Salatraukeblätter waschen, nach dem Abtropfen fein schneiden, mit dem Hüttenkäse, den in Butter gerösteten Semmelbröseln zu einer Masse verrühren und nach Belieben mit Zitronensaft und Kreuzkümmel abschmecken.

3. Gang: Der Stiftsdamen Gaumenschmaus

Ringelblumen-Pfifferling-Risotto

eine Vorspeise (für 2 bis 3 Personen)

120 g Rundkorn-Vollkornreis
20 g Zwiebelwürfel
eine Knoblauchzehe
80 ml trockener Weißwein von Saale-Unstrut
1,2 l ungewürzte Gemüsebrühe
15 g geriebener Parmesan
10 g Butter
60 g Pfifferlinge
5 g Olivenöl
5 Ringelblumenblüten
Salz, Pfeffer aus der Mühle

Die geschälte Zwiebel in feine Würfel schneiden und unter ständigem Rühren mit dem gleichfalls geschälten und fein geschnittenen Knoblauch dünsten, bis die Zwiebeln glasig werden. Dann mit dem Weißwein ablöschen.
Den Reis unter ständigem Rühren 30 Minuten köcheln, dabei immer wieder mit Gemüsebrühe auffüllen.
Die Pfifferlinge in einer kleinen Pfanne in Butter kurz anbraten, ehe man sie an den Reis gibt. Unter vorsichtiger Zugabe von Gemüsebrühe das Ganze 20 Minuten weiter köcheln. Danach Butter, Parmesan und Ringelblumenblüten an den Reis geben, cremig rühren und mit Salz und Pfeffer abschmecken. Nun das Ringelblumen-Pfifferling-Risotto servieren.

4. Gang: Beichtvaters Freude

Kalte Gemüse-Joghurt-Suppe

(für 2 Personen)

80 g rote Paprika, 80 g gelbe Zucchini
80 g grüne Salatgurken
100 ml Joghurt, 140 ml Buttermilch
10 ml Olivenöl
20 g Zwiebeln, 4 g Knoblauch
4 ml Topinambur-Dicksaft
Pfeffer, Kräutersalz

Das geputzte, gewaschene Gemüse klein gewürfelt in der Kasserolle in Öl anschwitzen und abkühlen lassen. Danach Joghurt, Buttermilch und Gemüse pürieren. Mit den restlichen, genannten Zutaten die Suppe nach Geschmack würzen.

5. Gang: Der Äbtissin Abendläuten

Geflügelbrust mit einer Kräuterfüllung, dazu Pesto aus weißen Bohnen und Feta mit Kürbisgemüse und Kartoffeln „Blauer Schwede"

(für 2 Personen)

<u>Für das Kürbisgemüse:</u>
300 g Hokkaido-Kürbis
10 g Rapsöl
Salz, Pfeffer
Balsamicoessig

<u>Für die Geflügelbrust und die Farce:</u>
2 Stück Hähnchenbrust
100 g Kalbsfleisch
50 g Sahne
Pfeffer, Paprika , Salz
Löwenzahn
20 ml kalt gepresstes Olivenöl

Für das Pesto:
50 g weiße Bohnen
20 g Feta
Salz, Pfeffer
1 EL Balsamicoessig
20 g Olivenöl
2 EL Basilikum

Für die Kartoffeln:
250 g Kartoffeln „Blauer Schwede"
10 ml kalt gepresstes Olivenöl
Salz, Pfeffer

Den Kürbis halbieren, die Kerne entfernen. Das Kürbisfleisch mit der Schale weiterverarbeiten. Zu Stiften oder in Würfel geschnitten, in Rapsöl anbraten, mit Salz und Pfeffer würzen und leicht mit etwas Essig ablöschen.
Für die Farce das Kalbfleisch in Würfel schneiden, mit der Hälfte der Sahne 30 Minuten im Froster durchfrieren lassen. Das gut gekühlte Fleisch mit dem Rest der Sahne in einer Moulinette sehr schnell zu einer Farce verarbeiten und mit den fein gehackten Kräutern und Gewürzen abschmecken. An der größeren Seite der Geflügelbrust mit einem spitzen, scharfen Messer eine Tasche einschneiden und mit Hilfe eines Spritzbeutels mit der Farce füllen. Die Brust von beiden Seiten anbraten, dann im vorgewärmten Ofen bei 180 °C 12 Minuten ziehen lassen.
Die weißen Bohnen über Nacht einweichen. Am Kochtag im Einweichwasser weich kochen. Die Bohnen im Fleischwolf, mit dem Messer oder im Mörser zu einer Paste verarbeiten. Die Paste mit Feta, Basilikum, Olivenöl, Salz, Pfeffer und Essig nach Geschmack würzen.
Die Kartoffeln ungeschält in Salzwasser kochen, nach dem Abschütten mit der attraktiven Schale in einer Pfanne mit Öl schwenken, salzen, pfeffern und heiß servieren.

6. Gang: Kleine Leckerei aus der Stiftsdamen Gärtlein

Gedünsteter Pfirsich in Rosmarinsud mit einer Quark-Mascarponecreme

(für 2 Personen)

2 Pfirsiche
30 g Roh-Rohrzucker
2 Zweige Rosmarin
200 ml trockener Weißwein von Saale-Unstrut
500 ml Apfelsaft
100 g Mascarpone
80 g Quark, 20 g Honig

Die Pfirsiche an der platten Seite mit einem Kreuzschnitt einritzen. Den Roh-Rohrzucker in einen Topf geben, etwas karamellisieren, die Rosmarinnadeln dazugeben und mit Weißwein und Apfelsaft ablöschen. Die Pfirsiche einlegen, einmal kurz aufkochen und dann etwa 20 Minuten ziehen lassen. Den abgekühlten Topf für 2 Stunden in den Kühlschrank stellen.
Danach die Pfirsiche aus dem Sud heben, halbieren, von Kern und Schale befreien, beiseite stellen. Den Sud schön dick einkochen lassen. Aus Quark, Mascarpone und Honig eine Créme schlagen, die Pfirsichhälften damit füllen und gut gekühlt mit der warmen Soße servieren.

„Der Grüne Teller" – Kochen und Genießen für die historischen Garten- und Parkanlagen

Meisterkoch Bernd Trum, Leiter der „Front Cooking Academy Hopfenau" und leidenschaftlicher Biokoch, motiviert Köche, dem natürlichen Geschmack der Lebensmittel und Getränke wieder zur Geltung zu verhelfen, saisonalen, regionalen und fair gehandelten Lebens- und Genussmitteln den Vorzug zu geben, frische, gute und gesunde Nahrungsmittel zu verarbeiten – und zwar so, dass das Ganze auch noch Spaß macht. Kein Wunder also, dass die Idee zum „Grünen Teller" hier geboren wurde.

Wiederentdeckte Traditionen

„Die jüdische Küche ist eine der interessantesten und abwechslungsreichsten Küchen der Welt."
(aus der Speisekarte des MuseumsKaffees Hirsch)

„Unser Glaube war es, daß deutscher und jüdischer Geist auf deutschem Boden sich treffen und durch ihre Vermählung zum Segen werden könnten. Dies war eine Illusion - die Epoche der Juden in Deutschland ist ein für alle Male vorbei.", sagte Rabbiner Leo Baeck, Überlebender des KZ Theresienstadt, am 4.12.1945 in New York. Nur wenig später, 1947, begründet er das „Institut zur Erforschung der Geschichte des Judentums in Deutschland seit der Aufklärung". Die Geschichte lässt nicht los – und sie ist auch immer eine Geschichte der Zusammengehörigkeit.

Von den ersten Juden in Halberstadt spricht man seit 1146. Aus Halle vertriebene Juden sollen sich hier niedergelassen haben. Das erste städtische Schutzprivileg für in Halberstadt ansässige Juden stammt aus dem Jahr 1261. Doch auch aus Halberstadt wurden die Juden mehrfach vertrieben. Die jüdische Gemeinde baute sich erst nach dem Dreißigjährigen Krieg in Halberstadt geordnet auf: 1728 zählte man 192 jüdische Familien in der Stadt. Sie wohnten in der Nähe der vom Bankier und „Hofjuden" August des Starken, Berend Lehmann, gestifteten Synagoge – die als eine der schönsten barocken Synagogen in Deutschland galt. 1933 lebten in Halberstadt noch 706 jüdische Bürger.

Jüdische Küche im MuseumsKaffee Hirsch

1995 wurde die Moses Mendelssohn Akademie Halberstadt gegründet. Frauen wie Jutta Dick als Leiterin der Akademie und Elena Koffarewa, die als in Odessa geborene Köchin wesentlich das Bild des MuseumsKaffees Hirsch mitprägt, geben durch ihr Engagement der jüdischen Geschichte wie auch der Gegenwart in Halberstadt wieder Leben.

Das nach der Kaufmanns- und Industriellendynastie Hirsch benannte Café ist heute ein Mittelpunkt der zumeist aus der Sowjetunion eingewanderten jüdischen Familien. Der Einzugsbereich des Cafés reicht freilich nicht nur ins Umland – hierher kommen die Gäste der Moses Mendelssohn Akademie – aus den USA, aus Israel, aus vielen europäischen Ländern und aus ganz Deutschland. Das kleine Café ist so etwas wie Halberstadts „Nabel zur Welt". Heimat schafft man sich auch über den Gaumen. Die Gerichte, die sich heute auf der Speisekarte des MuseumsKaffees Hirsch finden, gehörten früher zur Küche der jüdischen Halberstädter Bürger, ihrer Freunde und Glaubensgenossen aus dem Umland.

Foto rechts: Abendlicher Blick von Spiegelsberge hinüber zur Domstadt Halberstadt

„Die Speisegesetze erziehen uns dazu, unsere Lust zu meistern."
Maimonides
(1135-1204)

Vom Unding einer jüdischen Küche – und weshalb man sich darüber keine Gedanken machen muss

Jüdische Küche wird also auch in Sachsen-Anhalt gekocht. Sie gehört dazu, wie auch seit vielen Jahrhunderten jüdische Menschen in unseren Orten gelebt, gearbeitet und oft auch gelitten haben. Dabei ist die jüdische Küche dem Wesen nach eine Weltküche. Sowohl als eine Küche, die aus vielen Ländern, in denen Juden lebten, Einflüsse aufnahm, als auch in der Bedeutung, dass sie sich durch die religiösen Traditionen immer auch ein Stück weit abgrenzte. Diese Weltküche ist aber nur im Kopf existent. Es gibt sie eigentlich nicht, denn sie ist so verschieden, wie es die Länder und Traditionen sind, aus denen die jeweilige Küche stammt. Trotzdem haben alle diese Küchen einen gemeinsamen Schnittpunkt: Die koschere Küche, die nicht erlaubt, Milchiges mit Fleischigem zusammen zuzubereiten oder gar zu verzehren.

Die religiösen Vorschriften finden sich in den Kaschruth. Wobei die Kaschruth lehren: Nahrung ist nicht etwas, was allein der Nahrungsaufnahme dient. Sie ist ein Akt, bei dem der Mensch mit seinem Schöpfer in Einklang steht. Der Mensch isst bewusst. Der Idealzustand menschlichen Essens ist eine vegetarische Kost. Allerdings ist dem Menschen auch erlaubt, Fleisch zu essen. Die Vorschriften der Kaschruth wollen in diesem Fall jedes unnötige Blutvergießen vermeiden und sind deshalb so streng.

Weil im Fall des Essens und Trinkens der Mensch mit seinem Schöpfer im Einklang steht, ist das Essen und Trinken immer eine sehr kommunikative Angelegenheit: Man trifft sich und feiert. Alle großen Festtage, aber auch der wöchentliche Schabbat haben mit gemeinsamem Essen und Trinken zu tun. Beim Schabbat gehört die Challah, ein zum Zopf geflochtenes, mit Mohn überstreutes Weißbrot hinzu, dass der Hausherr segnet, der auch den Wein segnet, von dem die erwachsenen Tischgäste trinken. Das Rosch Haschana, das Neujahrsfest, beginnt als ein fröhliches Fest mit einem festlichen Essen am Vorabend.

Übrigens, die kleinen, bekannten Gummibärchen gelten als nicht koscher, weil Gelatine tierische Stoffe wie Blut und Fette enthält. Schade aber auch.

Jutta Dick und Moses Mendelssohn Akademie
Moses Mendelssohn Akademie, Rosenwinkel 18, 38820 Halberstadt,
Tel.: 03941/606710, Fax: 03941/606713, mma-halberstadt@t-online.de

Berend Lehmann Museum
Judenstraße 25/26, 38320 Halberstadt, Tel.: 03941/567050
MuseumsKaffee Hirsch
Bakenstraße 57, 38820 Halberstadt, museumskaffeehirsch@t-online.de

Wariniki

Wariniki sind „jüdische Ravioli“ mit einer Kartoffel-Zwiebelfüllung.

Für den Nudelteig:

250 g Mehl, 1-2 EL Wasser
2 Eier, Salz

Für die Füllung:

5 mittelgroße Kartoffeln
2 mittelgroße Zwiebeln
3 EL Butter
Salz, weißer Pfeffer

Mehl, Eier und Salz gut miteinander mischen, Wasser zufügen und Masse gut durchkneten, bis sich der Teig zu einer Kugel formt. Sollte der Teig noch zu klebrig sein, gibt man etwas Mehl hinzu. Den Teig kneten, bis er glatt und elastisch ist. 30 Minuten ruhen lassen. Dann den Teig auf einer bemehlten Arbeitsfläche portionsweise so dünn wie möglich ausrollen.

Für die Füllung die Zwiebeln ganz fein schneiden und in einer Pfanne mit Butter leicht bräunen. Die Kartoffeln schälen, kochen und stampfen. Dabei die Zwiebeln mit dem Bratfett zur Kartoffelmasse geben. Mit Salz und weißem Pfeffer abschmecken. Die Masse muss gut vermischt sein.

Den portionsweise dünn ausgerollten Nudelteig mit einem Glas von etwa 7 Zentimeter Durchmesser ausstechen. Der Teig darf dabei nicht trocken werden. Auf jeden Teigflecken 1 Teelöffel Füllung geben. Die Teigränder mit Wasser bepinseln und zuklappen. Die Ränder so fest zusammenkneifen, dass ein Wellenmuster entsteht.

Die Wariniki in kochendes Salzwasser geben, bei leiser Hitze die Wariniki ziehen lassen, bis sie oben schwimmen. (Dauert ca. 12 bis 15 Minuten.) Die Wariniki traditionell mit Sauerrahm servieren oder mit einer leichten Tomatensoße anrichten.

Tipp:

Man sollte nie zu viele Wariniki auf einmal in den Topf geben, da sie ansonsten zusammenkleben.

Hühnersuppe mit Mazzeklößchen

(für 10 Personen)

Die Hühnersuppe gilt als Heilmittel für jede Krankheit und sie ist gut gegen jede Unbill. Sie wird überall auf der Welt in vielfältigen Variationen zubereitet. Bestimmend sind hier die Gewürze, die jeweils zur Verfügung stehen. Klassisch sind die Mazzeklößchen als Einlage. Die Hühnersuppe kann freilich auch mit Reis, Nudeln oder mit den kleinen, gefüllten Nudeltaschen, den Kreplach, gegessen werden.

Für die Suppe:

1 großes Suppenhuhn
3 Möhren, 2 Zwiebeln
2 Stangen Staudensellerie
3 Stangen Lauch, 1 reife Tomate
2 Knoblauchzehen
Pfeffer, Salz
Petersilie

Für die Mazzeklößchen:

125 g mittelfeines Mazzenmehl
Salz, gemörserter schwarzer Pfeffer
Zimt, 250 ml Wasser
2 EL sehr fein gemahlene Mandeln
2 EL Hühnerfett oder weiche Margarine
1 Ei

Das Huhn innen und außen unter fließendem Wasser reinigen, dann in kräftige Stücke teilen und diese in einen großen Topf legen. Mit kaltem Wasser die Hühnerstücke bedecken. Das Ganze zum Kochen bringen. Den entstehenden Schaum mit einer Kelle abschöpfen. Die in Stücke geschnittenen Möhren, Staudensellerie und den Lauch zufügen. Ebenso die mit den Außenhäuten grob gehackten Zwiebeln und die geviertelten Tomaten. Die Brühe noch einmal aufkochen lassen und den Schaum abschöpfen, dann 3 Stunden köcheln.

Die Suppe durch ein Haarsieb in ein Gefäß gießen. Die Hühnerstücke zum Abkühlen beiseite stellen. Die Suppe gleichfalls auskühlen und dann in den Kühlschrank stellen. Das Hühnerfleisch vom Knochen lösen und in mundgerechte Stücke schneiden.
Für die Mazzeklößchen inzwischen in einer Schüssel das Mazzemehl mit Salz, Pfeffer und Zimt vermischen. Die Masse mit kochenden Wasser übergießen und gut verrühren. Die Mandeln, das Fett und das verquirlte Ei hinzufügen. Das Ganze gut mischen und im Anschluss für mindestens zwei Stunden in den Kühlschrank stellen.
Die Suppe aus dem Kühlschrank nehmen, das erkaltete Fett von der Oberfläche abheben. Das mundgerecht geschnittene Hühnerfleisch in den Topf geben und das Ganze für einen Moment aufkochen, bevor die Suppe einfach weiter zieht.
Aus dem Teig kleine Portionen mit nassen Händen zu Mazzeklößchen mit einem Durchmesser von etwa 2 Zentimeter formen. Die Klößchen in die simmernde Suppe geben und ziehen lassen, bis sie nach etwa 20 bis 30 Minuten an der Oberfläche schwimmen. Die Suppe darf nicht mehr kochen, weil sonst die Klößchen zerfallen.
Vor dem Servieren die Suppe mit klein gehackter Petersilie bestreuen.

Latkes mit Räucherlachs und Avocado-Dill-Soße

Latkes sind Kartoffelpuffer aus grob geraffelten Kartoffeln. Sie werden in Öl ausgebacken und traditionell zu Chanukka gegessen, weil sie symbolisch für das Wunder des Öls stehen, das acht Tage lang brannte.

Für die Latkes:
6 mittelgroße Kartoffeln
1 Knoblauchzehe
2 mittelgroße Zwiebeln
2 Eier
60 g feines Mazzenmehl
1 TL Salz, 1 Prise schwarzer Pfeffer
Sonnenblumenöl zum Ausbraten

Für die Avocado-Dill-Soße:
1 große Avocado
7 Zweige frischer Dill
4 Eigelb
125 g Butter
1 Zitrone
Salz, schwarzer Pfeffer
Cayennepfeffer

400 bis 600 g Räucherlachs

Die Kartoffeln schälen, waschen und mit einer Reibe grob raspeln. Die Masse in ein Sieb geben, damit die Flüssigkeit abtropfen kann oder die Flüssigkeit ausdrücken.
Die Zwiebeln fein reiben, die Knoblauchzehe fein hacken. Kartoffeln, Zwiebeln und Knoblauch in einer Schüssel mit allen anderen Zutaten mischen.
In einer schweren Bratpfanne die Latkes bei mittlerer Hitze ausbraten. Sie sollten nicht zu groß sein. Am besten schmecken sie frisch aus der Pfanne. Man kann aber auch alle Latkes vorbereiten und sie bei 150 ° C im Backofen warm halten.
Für die Avocado-Dill-Soße die Avocado halbieren, den Kern entfernen, das Fruchtfleisch aus der Schale heben und pürieren. Den gehackten Dill, Salz und Eigelb im Mixer miteinander verrühren und nach Geschmack mit Pfeffer würzen. Von der Zitrone 3 Esslöffel Saft bei starker Hitze aufkochen, langsam in die Ei-Mischung einarbeiten. Ebenso die zerlassene Butter. Alles gut durcharbeiten, bis die Masse glatt ist. Die Avocado-Dill-Soße zu den Latkes reichen, dazu 200 Gramm Räucherlachs - ein wunderbares, leichtes Gericht.

Tipp:
Latkes kann man auch mit Sauerrahm servieren. Das wäre ein anderes, eigenes, gleichfalls sehr wohlschmeckendes, einfaches Gericht.

Blinzen mit Quark-Rosinen-Füllung

Blinze ist das jiddische Wort für Pfannkuchen. Sie können süß mit Quark oder Früchten, aber auch pikant mit Pilzen gefüllt werden.

Für die Blinzen:

3 große Eier, Salz, Zucker
30 g Butter, 375 ml Milch
75 g Mehl
40 g Butter oder Margarine zum Braten

Für die Füllung:

500 g Sahnequark, flüssige Sahne
2 TL Vanillinzucker, 3 EL Rosinen

Eier, Salz, Zucker, zerlassene Butter und Milch gut verrühren. Das Mehl in eine Schüssel sieben, in die Mitte eine Vertiefung drücken. In die Vertiefung langsam die Eiermischung gießen und mit dem Schneebesen vom Rand her mit dem Mehl vermischen. Den Teig nun 1 Stunde ruhen lassen. Dickt er in dieser Zeit ein, muss er mit Flüssigkeit verdünnt werden.
Eine schwere Pfanne bei mittlerer Hitze mit zerlassener Butter ausstreichen. Eine kleine Menge Teig in die Mitte der Pfanne geben und zu den Rändern hin verteilen. Die Blinzen sollten so dünn wie möglich sein. Etwa 1 Minute backen, bis die Oberfläche fest und die Unterseite hellbraun ist. Die Ränder nun mit dem Spatel lösen, die Blinzen wenden und noch einige Sekunden von der anderen Seite backen. Auf diese Weise den gesamten Teig verarbeiten. Die Blinzen können sofort verzehrt, im Kühlschrank aufbewahrt oder eingefroren werden.

Für die Füllung die Rosinen einweichen. Den Sahnequark mit flüssiger Sahne verrühren, bis er glatt ist. Vanillinzucker und Rosinen ebenfalls unterrühren. In die Mitte einer Blinze 1 Löffel Quark geben, zunächst die Seiten einschlagen, dann die Blinze von oben und unten zuklappen, so dass ein Päckchen entsteht. Die gefüllten Blinzen auf Tellern anrichten und servieren.

Blinzen mit Pilzfüllung

Für die Blinzen:

3 große Eier
Salz
Zucker
30 g Butter
375 ml Milch
75 g Mehl
40 g Butter oder Margarine zum Braten

Für die Füllung:

250 g Pilze
1 mittelgroße Zwiebel
3 Stängel glatte Petersilie
Salz, schwarzer Pfeffer, geschrotet
40 g Butter

Die Pilze putzen, die Zwiebel schälen und fein hacken, die Petersilie waschen, mit Krepp trockentupfen und fein hacken.
Die gehackte Zwiebel in Butter anbraten und glasig, aber nicht braun werden lassen. Die klein geschnittenen Pilze mit der Petersilie zu der Zwiebel in der Pfanne geben. Das Ganze mit Salz und Pfeffer nach Geschmack würzen. Eventuell entstehende Flüssigkeit verdampfen lassen oder abgießen.
Aus den Zutaten einen Teig bereiten, löffelweise in einer Pfanne zu Blinzen backen. In die Mitte einer Blinze 1 Löffel Pilzfüllung geben, zunächst die Seiten einschlagen, dann die Blinze von oben und unten zuklappen, so dass ein Päckchen entsteht. Die gefüllten Blinzen auf Tellern anrichten und servieren. Die Blinzen mit Pilzfüllung geschmacklich mit Sauerrahm abrunden.

Front Cooking in der Rosenstadt

„Die Rose ist etwas so Schönes, dass auch der wahnsinnigste Züchter sie nicht verderben kann."
Konrad Adenauer

Die ältesten Schmelzstätten im unmittelbaren Umfeld von Sangerhausen datieren in die Bronzezeit. Von 1200 bis 1990 existierten allein im Sangerhäuser Revier 270 Schächte. Der Röhrigschacht zeigt heute nicht nur eines der ältesten stählernen Schachtfördergerüste Europas, sondern gibt auch interessante Einblicke in die Geschichte des Erzbergbaus.

Rund um Sangerhausen finden sich mit dem Kyffhäuser-Denkmal, der Barbarossahöhle, dem Bad Frankenhausener Panorama-Museum mit dem spektakulären Tübke-Gemälde, der ehemaligen Kaiserpfalz-Burg Allstedt, dem Wohnhaus der Familie Luther sen. in Mansfeld-Lutherstadt hochinteressante Ausflugsziele.

Die weltgrößte Rosensammlung jedoch befindet sich im Europa-Rosarium Sangerhausen! Darauf baut die Stadt auf: Die ehemalige Bergbaustadt schafft sich mit dem Thema Rosen eine neue Identität.

Der kleine Unterschied zwischen Essenmachen und Kochen...

Irgendwie war er anders, der Sohn des Sangerhäuser Elektrikermeisters Kunze. Während andere in seinem Alter Filme mit Cowboys und Indianern sahen, manchmal an den Eltern vorbei ein Stück von einem Horrorfilm erhaschten, fand Michael Kunze es total spannend, wenn der Fernsehkoch vor laufender Kamera geschickt Gemüse schnitzelte, Fleisch würzte, briet und kleine Geheimnisse verriet. Der hatte seinen Traumberuf. Gerüche inspirieren den heranwachsenden jungen Mann. Ausgefallene Rezepturen faszinieren ihn. Später kommen die jungen Wilden ins Spiel, die zur gebratenen Blutwurst Erdbeerblätter reichen.

Dabei, sagt Michael Kunze, findet man so etwas auch schon in der regionalen Küche und spielt dabei auf das Harzer Bergmannsbrot an, das aus Fettbrot, belegt mit streng riechendem Harzer Käse und einer Tasse süßem Kakao besteht. Pralinen aus Harzer Käse mit Bitterschokolade bringt er ins Spiel.

Beinahe die weltgrößte Rosensammlung befindet sich im Europa-Rosarium Sangerhausen – 8000 Sorten und Arten erfreuen hier mit ihrer Schönheit die Besucher aus aller Welt.

Kochen überhaupt sei nur spannend, wenn man es spielerisch begreift. In Roßla hat er neulich einen Menüabend „Genie und Wahnsinn" mit 15 Schauspielern und 12 Gängen zelebriert. Front Cooking, davon träumte der Junge bereits, als es den Begriff noch nicht gab. Der Koch Michael Kunze musste dazu lediglich das Handwerk lernen. Entertainer ist er von Temperament und Intellekt.

Im Alltag arbeitet er in der Fischabteilung eines großen Supermarktes. Kunze wäre nicht Kunze, wenn er die Zeit hinter der Theke nicht nutzte, seinen Sangerhäuser Kunden nicht nur Lachs und Forelle zu empfehlen, sondern auch Seeteufel und Hai nahezubringen. „Man muss den Kunden einfach nur erzählen, wie man diese Dinge zubereitet, dann kaufen sie es auch."

Front Cooking betreibt er in einem Riestedter Küchenstudio nach Feierabend, als Hobby. Die Scheu der Köche vor dem Gast kennt er nicht. Die Show freilich muss Sinn machen. Deshalb stellt er Menüabende unter Themen.

In Riestedt bietet er auch Kochkurse an. „Die Kochkunst fängt nicht beim exotischen Gericht, sondern bei einer gutgekochten, goldgelben Bratkartoffel an, ob ich frische Kräuter verwende und das Schnitzel nicht in der Fritteuse zubereite."

Dass er gefragt wurde, ob er für die kulinarische Reihe der „Gartenträume" in Sachsen-Anhalt mit zur Verfügung stehe, empfindet er als Ehre und Herausforderung. Man könnte es aber auch auf die einfache Formel bringen: Es macht ihm Spaß, weil das Kochen für den „Grünen Teller" seiner Küchenphilosophie entgegenkommt.

„Ich koche für die Menschen in meiner Region etwas Besonderes mit Lebensmitteln, die sie hier auch alle saisonbedingt frisch erhalten. Es muss nichts Exotisches, aber es muss etwas Phantasievolles sein. Was wir kochen, muss gut aussehen, gut riechen, gut schmecken – und es muss mit der Saison und der Natur in Einklang stehen. Ja, das gefällt mir." Deshalb heißt sein Thema, wenn er für die „Gartenträume" im Europa-Rosarium Sangerhausen mit ihren über 6.500 Sorten Rosen kocht: „Kochen mit Rosen".

Michael Kunze
Front Cooking
Am Mühlendamm 16
06526 Sangerhausen
Tel.: 03464/905210

Gerichte mit Rosen

Bandnudeln von Rosenessenz im Cocos-Zitronengrasfond

Für die Rosennudeln:
500 ml klare Geflügelbrühe (nur leicht gesalzen)
Blütenblätter von 3 unbehandelten Rosenblüten
50 ml Rosenwasser, 20 g Aga Aga-Pulver

Für den Cocos-Zitronengrasfond:
500 ml ungesüßte Kokosmilch
2 TL Speisestärke
3 Stangen Zitronengras
Salz

Die Hühnerbrühe zum Kochen bringen, das Aga-Aga-Pulver unterrühren und die Brühe gut 3 Minuten köcheln lassen. Rosenwasser und Blütenblätter im nächsten Schritt unterrühren.
Ein Kuchenblech mit Klarsichtfolie auslegen. Die Brühe 1 Zentimeter hoch aufgießen. Nun das Blech für mindestens 2 Stunden im Kühlschrank kalt stellen.
Das so entstandene Rosengelee vom Blech nehmen und mit einem Messer zu dünnen Nudeln schneiden.
Jetzt das Zitronengras mit einem Messer in kleine Stücke schneiden und mit der Kokosmilch aufkochen. Nach dem Aufkochen die Kasserolle vom Herd nehmen und gut 5 Minuten ziehen lassen.
Die Speisestärke nun mit etwas Wasser verrühren. Die Kokosmilch erneut zum Kochen bringen, mit der Speisestärke binden und durch ein Sieb passieren. Die Rosennudeln auf einem Suppenteller locker zu einem kleinen Berg anrichten und mit der heißen Kokosmilch übergießen.

Tipp:
Aga Aga ist eine Arznei-, Gewürz- und Aromapflanze, aus der eine gleichnamige Gelatine hergestellt wird.
Rosenwasser bleibt nach der Dampfdestillation bei der Rosenölgewinnung zurück. Man kann es in der Apotheke erstehen.

Knusperlasagne von Rosen und Himbeeren

Für die Rosencréme:
6 Blatt Gelatine
6 Eigelb
100 g brauner Zucker
4 cl Rosenwasser
1 Stück Vanilleschote
1/2 l Sahne

Für die Lasagne:
250 g frische Himbeeren
4 cl Grand Marnier
100 g Puderzucker
1 Packung Frühlingsrollenteig
Blütenblätter von 2 unbehandelten Rosenblüten
frische Minze

Die Gelatine in kaltem Wasser einweichen. Für die Créme die Eigelb, den Zucker, das Rosenwasser und die ausgekratzte Vanilleschote in einer Schüssel auf einem warmen Wasserbad aufschlagen, bis die Masse cremig ist. Die ausgedrückte Gelatine gleichfalls unterrühren. Im Anschluss die gesamte Masse durch ein Sieb passieren. Nun die Sahne steif schlagen und unterheben. Danach die fertige Créme für 2 Stunden kaltstellen.
Aus dem Frühlingsrollenteig 12 je 4 Zentimeter breite und 10 Zentimeter lange Streifen schneiden. Die Streifen gleichmäßig mit Puderzucker bestreut solange bei Oberhitze oder Grillfunktion auf ein Blech im Backofen legen, bis der Puderzucker karamellisiert ist.
Die Himbeeren in Grand Marnier und 1 EL Puderzucker marinieren.
Pro Teller auf je 2 Teigstreifen gut 1 Zentimeter Rosencréme auftragen und die Himbeeren darauf setzen.
Die mit Créme und Himbeeren belegten Scheiben übereinander setzen, den letzten Teigstreifen darauf legen, nochmals mit Puderzucker bestäuben und mit Rosenblüten und Minze garnieren.

Filet von der Harzer Bachforelle mit Zuckerschoten und Graupen-Rosenrisotto

Für das Graupenrisotto:

150 g Perlgraupen
1/2 l Geflügelbrühe
1 kleine Karotte
10 cm einer Lauchstange
50 ml Sahne
40 g Butter
50 g geriebener Parmesan
Blütenblätter von 3 unbehandelten Rosenblüten
Salz, Pfeffer aus der Mühle

Für das Forellenfilet:

4 Forellenfilets mit Haut á 150 g
2 Eier
100 g Mehl
Salz, 80 g Butter
80 ml eines geschmacksneutralen Öls

Für die Zuckerschoten:

600 g Zuckerschoten
50 g Butter
100 ml Geflügelbrühe

Die Rosenblätter in Streifen schneiden. 1/3 der Blätter für die Forellen zurücklegen. Die Graupen waschen und mit der Brühe zum Kochen bringen. Nun knapp unter dem Siedepunkt etwa 40 Minuten ausquellen lassen, anschließend auf ein Sieb schütten, mit kaltem Wasser abschrecken und abtropfen lassen.
Lauch waschen, putzen, in kleine Würfel schneiden, im Salzwasser bissfest blanchieren und in kaltem Wasser abschrecken. Anschließend auf einem Sieb abtropfen.
Graupen, Lauch und Rosenblätter in einem kleinen Topf in Butter bei milder Temperatur unter Rühren erhitzen, Sahne und Parmesan zugeben und das Ganze mit Salz und Pfeffer würzen.
Die Zuckerschoten in kochendem Salzwasser blanchieren und in Eiswasser abschrecken. Die Geflügelbrühe erhitzen und die Butter mit einem Schneebesen unterrühren, so das die Geflügelbrühe eine leichte Bindung erhält. Die Zuckerschoten kurz vor dem Anrichten nochmals in diesem Butterfond erwärmen.
Forellenfilet mit Salz würzen, die Eier mit den Rosenblütenstreifen verrühren, die Filets mit den Eier-Rosenblütenstreifen bestreichen und im Mehl wenden.
In einer Pfanne Butter und Öl erhitzen, die Forellenfilets nun bei mittlerer Hitze hineingeben und von jeder Seite etwa 2 Minuten anbraten. Zusammen mit dem Graupenrisotto und den Zuckerschoten die Filets auf einem vorgewärmten Teller anrichten.

Kristallisierte Rosen

4 unbehandelte Rosen
1 Eiweiß
100 ml Wasser
Kristallzucker

Die Stacheln und die Blätter von den Rosen entfernen. Das Eiweiß mit Wasser verrühren. Die Rosen mit der Blüte in die Ei-Wassermischung tauchen und mit Zucker bestreuen.
Die Rosen an einem trockenen Ort mit Küchengarn kopfüber zum Trocknen aufhängen. Mindestens 2 Tage trocknen lassen.

Michael Kunze ist mit seiner Heimat, dem Mansfelder Land, sehr verbunden. Sein Wunsch war es nicht „in die Welt zu ziehen und ein großer Koch zu werden". Er wollte „draußen" die große Küche kennenlernen und sie dann mit nach Hause bringen. Also geht er neben dem Beruf des Kochs auch, als Zweitberuf, dem des Bildungsarbeiters nach.

Linsensuppe nach Mansfelder Art

300 g Linsen, 1 Bund Suppengrün
200 g Räucherrippchen
300 g Kartoffelwürfel
100 g Dörrpflaumen
200 g harte Rotwurst
Salz, weißer Pfeffer aus der Mühle
Essig, Zucker
2 l Wasser

Die Linsen über Nacht einweichen. Das Suppengrün waschen, würfeln und mit den Linsen, den Räucherrippchen und 2 l frischem Wasser sowie Salz und Pfeffer in einen Topf geben. Das Ganze 30 bis 40 Minuten zugedeckt kochen. In der Zwischenzeit die Kartoffeln schälen und gewürfelt zur Suppe geben. Die Suppe weitere 10 Minuten kochen.
Die Räucherrippchen von den Knochen lösen, Fleisch, Rotwurst und Dörrpflaumen in Würfel schneiden. Alles der Suppe zufügen und ein wenig weiter köcheln, dabei die Suppe mit Essig und Zucker süßsauer abschmecken.

Mansfelder Zwiebelkloß

Für die Kartoffelklöße:
3 kg mehlig kochende Kartoffeln
2 altbackene Brötchen
40 g Butter, Salz
4-6 TL Kartoffelstärke – oder die aus dem Kartoffelwasser gewonnene Stärke

Für die Fleischbrühe:
400 g hohe Rippe vom Rind
1,5 l Wasser
400 g Zwiebeln
2 EL Kümmel, Salz, Pfeffer
3 altbackene Brötchen

Die Brötchen würfeln und in heißer Butter hell rösten. Die Kartoffeln schälen, 1/3 der Kartoffeln in große Würfel schneiden. Knapp mit Wasser bedeckt, 20 Minuten garen. 2/3 der rohen Kartoffeln mit der Hand oder mit der feinen Reibe einer Küchenmaschine in eine Schüssel reiben, die mit einem sauberen Tuch ausgelegt ist. An der Reibe haftende Kartoffelstückchen herausnehmen und mitkochen. Das Tuch anschließend an den vier Ecken fassen, die Kartoffeln sehr fest ausdrücken. Die Flüssigkeit in die Schüssel laufen lassen.
Die ausgedrückten Kartoffeln auseinanderzupfen. Die gekochten Kartoffeln abgießen, das Kochwasser aber auffangen. Dann die gekochten Kartoffeln stampfen und dabei so viel vom aufgefangenen Kartoffelwasser hinzugießen, dass ein Brei entsteht. Den Brei noch einmal aufkochen, bis sich große Blasen bilden. Den noch kochenden Brei über die rohen Kartoffeln geben, dabei kräftig mit einem Holzlöffel durchrühren und abgekühlt durchkneten. Jetzt das Kartoffelwasser aus der Schüssel abgießen und die am Boden abgesetzte Stärke zusammen mit Salz an den Teig geben und alles gut verkneten. Mit nassen Händen die Klöße formen, dabei in die Kloßmitte einige Semmelwürfel geben. Die Klöße 15 Minuten in leicht kochendem Salzwasser ziehen lassen. Ist die Kloßmasse gelungen, taucht spätestens nach dem fünften oder sechsten Kloß, den man in das heiße Wasser gibt, der erste auf und schwimmt oben.
Das Rindfleisch in einen entsprechend großen Topf geben und etwa 1,5 Liter Wasser darüber geben. Die geschälten Zwiebeln in Scheiben schneiden und samt Kümmel, Pfeffer und Salz ebenfalls ins Wasser geben. Das Ganze solange kochen, bis das Fleisch weich ist. Dann das Fleisch aus der Brühe nehmen und in Würfel schneiden. Die Brötchen ebenfalls in Würfel schneiden und, zusammen mit dem Fleisch, in die Fleischbrühe zurückgeben, ziehen lassen.
Danach die Klöße auf vier Tellern anrichten und mit reichlich Fleischbrühe und Fleisch übergießen.

Tipp:
Auf Wunsch kann man vor dem Servieren auch die Klöße aufreißen und die Fleischbrühe über die offenen Klöße laufen lassen, wie man das in Thüringen machen würde.

A heartful place in Wernigerode

Die Krell´sche Schmiede wurde 1678 im barocken, süddeutschen Fachwerkstil errichtet. Zu ebener Erde liegt die Schmiede. Der Hinterhof diente der kleinen Landwirtschaft. Im Keller wurde Bier gebraut. Die Schenke im Nebenhaus gehörte gleichfalls zur Schmiede.

Was macht den Reiz eines Ortes, seine Anziehungskraft für Menschen aus? Ist es das ostdeutsche „Neuschwanstein" mit dem Märchenschloss über der Stadt? Sind es die Fachwerkbauten und ihre Farben, die Hermann Löns seinerzeit auf die poetische Formel von der „bunten Stadt am Harz" brachten? Ist es „das Wörlitz auf dem Berge", dieser einzigartige Landschaftspark in Deutschland mit den christlichen Motiven? Ist es vielleicht nicht auch eine so wundervoll andere Art eines Museums wie die privat geführte Krell´sche Schmiede, das den einmaligen Reiz einer Stadt ausmacht?

„Wohin schlage ich beim Pferd den ersten Nagel?"

So lautete, erzählt Peter Nüchterlein seinen aufmerksam zuhörenden Gästen in der Krell´schen Schmiede auf Wernigerodes Touristenflaniermeile Breite Straße, seinerzeit die erste Frage, die dem Lehrling zur Gesellenprüfung von der Prüfungskommission gestellt wurde. Die Antwort gab sich die Kommission zur eigenen Erheiterung meist selbst: „Auf den Kopf. Sonst geht er nicht hinein."

Wer Deutschlands einzige unterkellerte Schmiede besucht hat, weiß, dass er nicht umsonst in Wernigerode war. In der heute zum Museum in privater Trägerschaft umfunktionierten Schmiede wurden bis 1975 noch Pferde und Ochsen beschlagen. Als Peter Nüchterlein und sein Vater auf die Schmiede stießen, war sie bereits leergeräumt. Jedes Ausstellungsstück, jedes Werkzeug oder Hufeisen wurde mit all seinen Geschichten als Ergebnis des Besuches von über 300 Schmieden in ganz Deutschland nach Wernigerode gebracht.

Es gibt im Museum keine Tafeln, die erzählen, was man sieht. Hier darf man fragen. Das liegt in der Natur einer Schmiede. Hier wurden auch damals Neuigkeiten ausgetauscht, gefragt und geantwortet.

Schulklassenweise kommen Kinder her, neugierig und interessiert. Irgendwann fragte der Diplom-Museologe: „Woher kommen denn eigentlich die Kartoffeln?" „Vom Aldi", antworteten die Schüler. So wurde ein museumspädagogisches Konzept geboren: Peter Nüchterlein lässt Kinder miterleben, wie früher gekocht wurde. „O Gott, gib mir Brot!" ist eines, ein anderes handelt von der Rübe, ein drittes von Kartoffeln.

Foto rechts: Wernigeröder Fachwerkensemble in der Breiten Straße

KREATIV
DÖNER

Wer Äpfel schält und
sie nicht ißt,
ein Mädchen liebt
und es nicht küßt,
beim Weine sitzt und
schenkt nicht ein,
das muß ein rechter
Esel sein.

Aus dem Ratskeller zu Wernigerode 1913 zitiert nach: Wernigeröder Geschichte und Geschichten in Gedichten Hrsg.: Peter Nüchterlein

Früher kochte er mit den Schülern in der engen Küche, heute kommt er in die Schulen. „Obwohl das den Reiz der Aura nimmt", gibt er gern zu. Tausende von Jugendlichen haben so schon alte Rezepte nachempfunden, gekocht, gekostet.

Manchmal möchte heute noch jemand ein Rezept haben. Manchmal kommt dann jemand und sagt: „Es hat aber nicht so geschmeckt wie hier!" Der Museologe nickt. „Da hat das Pfund Luft aus der Krell´schen Schmiede eben gefehlt."

A heartful old place!

„Es war mir eine ganz besonderes Vergnügen, die alten Schmiedegeräte bei einem Besuch in der alten Heimat sehen zu können.", schrieb eine Dame aus Berkley, California in das Gästebuch. Charlotte Dittmann, geborene Schumann verewigte sich mit: „Ich bin alte Wernigeröderin und lebe jetzt in Springfield, Massachussetts/USA. Es ist wunderbar, mal wieder das Alt-Wernigerode zu erleben." Wer aber denkt, dass die Krell´sche Schmiede nur für die im Ausland abgebliebenen Alt-Wernigeröder ein wichtiger Erinnerungsort sei, wird bald eines Besseren belehrt: Reisende Handwerksgesellen und Touristen aus aller Welt kommen hierher.

Peter Nüchterlein hat es vermocht, einen Ort der Begegnung mitten in der Stadt und doch abseits von Hektik zu schaffen. Der Charme des Ortes macht die Schmiede zu etwas ganz Besonderem.

Krell´sche Schmiede
Dipl.-Museologe Peter Nüchterlein, Breite Straße 95, 38855 Wernigerode
Tel.: 0172/3523127, Kschmiede95@aol.com

Falsche Leberwurst

Falsche Leberwurst hatte in der Mangelzeit nach dem Ersten und Zweiten Weltkrieg Hochkonjunktur. Heute bringt sie eine interessante, weil eher ungewohnte Geschmacksnuance auf den Tisch.

Zwiebeln, 1 EL Schmalz, 1 Packung Trockenhefe,
1 Kaffeetasse Milch, 3 EL Semmelkrumen,
Salz, Pfeffer, Majoran, Wasser

Reichlich Zwiebeln schälen. Die frisch geschälten Zwiebeln unter fließendem kaltem Wasser abspülen, klein würfeln. Anschließend mit dem Schmalz vermischen. Nebenher in einem Topf eine Mixtur aus einer Packung Trockenhefe und einer Tasse Milch herstellen. Diese zusammen mit Semmelkrumen und der Zwiebelmasse im Topf aufkochen. Reichlich Salz, Pfeffer und Majoran dazugeben. Vor allem Majoran, um die Erinnerung an den Wurstgeschmack hervorzurufen. Einmal aufgekocht, die Masse vom Feuer nehmen. Die entstandene graubräunliche Masse in eine Glasschüssel umfüllen und zum Abkühlen beiseite stellen.

Biersemmeln

In Wernigerode gab es seinerzeit 149 Brauhäuser. Die Biersemmel ist eine ideale Beilage zu Grillgerichten.

300 g Mehl, 20 g Trockenhefe
Salz nach Geschmack
1 Fl Schwarzbier oder Hefeweizenbier

Die Masse aus Mehl, Trockenhefe und etwas Salz verrühren, eine Flasche Schwarzbier oder Hefeweizen-Bier und etwas lauwarmes Wasser hinzugeben. Die gleichmäßig gerührte Masse 20 Minuten an einen warmen Ort zum Aufgehen stellen. Mit etwas Mehl kleine Brötchen formen, bei 180 ° C in den Backofen geben und 15 Minuten backen. Frisch verzehren!

Rote Rübensuppe

Die Rote Rübensuppe entstammt der italienischen Küche. Das Rezept ist von pilgernden Mönchen zuerst nach Süddeutschland mitgebracht worden – und von dort aus auch in den Harz eingewandert. Die Suppe sollte am Abend zuvor zubereitet und am anderen Tag vor dem Servieren nur noch einmal aufgekocht und nachgewürzt werden.

1,5 l Fleischbrühe
1 Bund frische Petersilie, Schnittlauch und Thymian
400 bis 600 g rote Rüben
4 große Zwiebeln, 20 g Butter
5 Lorbeerblatt, Salz, Pfeffer, Majoran, Basilikum
1/2 TL brauner Zucker
1 Schuss Balsamico-Essig
1 Flasche Rotwein trocken, 2 Gläser Portwein
1 Dose Kaffeesahne

Die Brühe ansetzen, den Bund frische Petersilie hineinhängen. Nach dem Kochen den Bund entfernen. Schnittlauch und Thymian sehr fein wiegen und in die Brühe geben. Die Roten Rüben klein schneiden und der Brühe zufügen. (Will man sich die Arbeit erleichtern und rote Rüben aus dem Glas nehmen, empfiehlt es sich, den Saft der Brühe beizumischen.)
Die Hälfte der kleinwürflig geschnittenen Zwiebeln in die Suppe geben. Die andere Hälfte mit einer Messerspitze Butter in der Pfanne anbräunen und gleichfalls an die Suppe geben. Einen kleinen Schuss Balsamico-Essig unterrühren. Nach 2 Stunden Köcheln die Hälfte des Rotweins aufgießen, die zweite Hälfte erst kurz vor dem Servieren. Kurz vor Ende der Kochzeit den Portwein hinzugeben. Während des Kochens nach und nach auch die anderen Gewürze zufügen.

Tipp:
Wer die Suppe ein wenig verfeinern will kann etwas Kaffeesahne hinzugeben.

Geraffelte Kartoffelsuppe

2 l Brühe
1 Bund Schnittlauch, 1 Bund Petersilie
Thymian, Kerbel
6-8 geschälte, rohe Kartoffeln
70 bis 100 g Speck, 20 g Butter
2 große Zwiebeln
Salz, Pfeffer, Basilikum, Oregano
1/2 Flasche trockener Weißwein

Die Brühe eine halbe Stunde ankochen lassen. Das Bund Petersilie während des Kochens in die Brühe hängen und zum Ende des Kochvorgangs wieder herausnehmen. Das übrige Suppengrün klein geschnitten gleichfalls in die Brühe geben.
Den Speck würfeln und in der Pfanne mit etwas Butter garen, bis er glasiert ist. Ebenso die fein gewürfelten Zwiebeln.
Die geschälten Kartoffeln auf einem Reibebrettchen in die Brühe reiben. Die Suppe wird so sämiger und kräftiger.
Während des ca. 40 Minuten währenden Kochvorgangs die anderen Gewürze nach und nach zugeben. Zur Verfeinerung der Suppe wenige Minuten vor Abschluss des Kochvorgangs eine halbe Flasche eines guten, trockenen Weißweines hinzufügen.

Löwenzahnsirup

500 g Löwenzahnblüten, 4 l Wasser
1 Biozitrone, 2 kg Zucker

Die Löwenzahnblüten frisch vom Stengel schneiden und einsammeln. Interessant sind lediglich die Blütenköpfe. Vorsicht vor dem weißlichen Stengelsaft, der bei Genuss giftig sein kann.
Die Löwenzahnblüten waschen, mit 4 Liter Wasser und etlichen gut abgewaschenen Biozitronenstücken 1/4 Stunde aufkochen. Den Sud über Nacht stehen lassen. Am folgenden Tag den Sud durch ein Leinentuch abgießen, mit dem Zucker versetzen und auf die gewünschte Dicke einkochen. Dabei ständig umrühren.

Kartoffelhörnchen

Eigentlich gehören die Kartoffelhörnchen in die Arme-Leute-Küche. Die Kartoffelmasse wurde einfach zum Strecken des teuren Weizenmehls verwendet. Ende des 19. Jahrhunderts machte diese leckere Nachspeise eine unverhoffte Karriere als delikate Kaffeespeise in bürgerlichen Kreisen.

<u>Für ein Blech:</u>
250 g Kartoffeln
Salz
250 g Mehl
2 EL Milch
20 g Hefe, 2 Eier
75 g brauner Zucker oder Honig
35 g Butter
200 g Pflaumenmus, gegebenenfalls auch irgendeine Marmelade

Die gewaschenen Kartoffeln mit soviel Wasser ansetzen, dass sie gerade bedeckt sind und eine Prise Salz dazugeben. Nach dem Garende Kartoffeln abgießen, pellen und abkühlen lassen.
Das Mehl in eine ausreichend große Schüssel sieben, die Milch und die Hefe zufügen und das Ganze zu einer Masse rühren. Den Teig, möglichst in der Nähe einer Wärmequelle, in Ruhe ziehen lassen. Man kann ihn, um ihm die zum Ziehen erforderliche Wärme zuzuführen, auch einfach kräftig durchkneten.
Die abgekühlten Kartoffeln in einer Quetsche zerkleinern. Die Kartoffelmasse mit dem Teig vermischen und beides kräftig miteinander durchkneten. Dabei die Eier, Zucker oder Honig, das zerlassene Fett und eine Prise Salz zugeben und gleichfalls ordentlich miteinander vermengen. Das Fett darf dafür natürlich nicht mehr heiß, muss aber noch leicht flüssig sein.
Dann den Teig auf einem großen Brett dünn ausrollen, kleine Dreiecke herausschneiden und das Pflaumenmus aufstreichen. Zum Backen Dreieck für Dreieck zusammenrollen und etwa 10 bis 15 Minuten in der Backröhre bei 180 ° C abbacken.

SAALE-UNSTRUT-REGION

Burg Neuendorf

„Die besten Vergrößerungsgläser für die Freuden dieser Welt sind jene, aus denen man trinkt."
Joachim Ringelnatz

Eigentlich müsste man für den Süden Sachsen-Anhalts nicht werben. Die Gründe liegen auf der Hand. Ein gewichtiger hängt mit den hervorragenden Weinen der Region zusammen. Ein anderer mit der traumhaften Landschaft. Ein dritter mit der Geschichtsträchtigkeit der Orte. Weder sein „Handbuch der Kunstgeschichte" noch die „Geschichte Friedrichs des Großen", beide 1842 erschienen, erreichten die Popularität jenes kleinen, volksliedhaften „An der Saale hellem Strande stehen Burgen, stolz und kühn...", das Franz Kugler (1808-1858) als Student, mit 18 Jahren, auf der Rudelsburg oben sitzend, vor sich hinkritzelte. Rudelsburg und Burg Saaleck – zwei der schönsten Burgen des Saaletales.

Der Naumburger und Merseburger Dom mit ihren Schätzen, zwei neu entdeckten Cranachbildern in Naumburg, den Merseburger Zaubersprüchen in Merseburg laden zur Besichtigung ein. Der Naumburger Dom hat mit der von Umberto Eco neuentdeckten Schönheit der Uta von Ballenstedt (gestorben 1046) als Stifterfigur, mit den Stifterfiguren überhaupt und der Elisabethkapelle im Besonderen Gründe genug für einen Besuch vorzuweisen. Der Merseburger Dom kann seine große Ladegastorgel, ein Meisterwerk des Weißenfelser Orgelbauers Friedrich Ladegast (1818-1900) in die Waagschale werfen.

Heinrich Schütz´ (1585-1672) Geburtshaus steht in Weißenfels. In Röcken bei Weißenfels wurde Friedrich Nietzsche (1844-1900) geboren. Dort ist auch sein Grab zu finden. Der Schwedenkönig Gustav II. Adolf (1594-1632) verlor in der Schlacht bei Lützen das Leben. Klopstock (1724-1803), Nietzsche, Leopold von Ranke (1795-1886) besuchten die heute noch als Landesschule bestehende Fürstenschule Schulpforta zwischen Naumburg und Bad Kösen. Im ehemaligen Zisterzienser-Kloster St. Mariam ad Portem ist die ausgesprochen touristenfreundliche Schule untergebracht.

In der kleinen Schulstadt befindet sich auch die 1136/37 begründete Klosterkirche St. Maria, die mit der wesentlichen Erweiterung im 13. Jahrhundert den romanischen nun auch gotische Bauteile hinzufügte. Sehenswert sind das romanische Triumphkreuz und die in dieser Form einzigartige Westfassade mit der Kreuzigungsgruppe. Zu hören ist auch hier eine kleine, restaurierte Ladegastorgel.

Im einzigen erhaltenen Wirtschaftsgebäude auf der Straße der Romanik, dem Romanischen Haus des früher zum Kloster Schulpforte gehörenden Wirtschaftshofes Cusne in Bad Kösen, finden Sie das Käthe-Kruse-Museum. Käthe Kruse (1883-1969) hat in Bad Kösen für ihre ersten großen Aufträge eine Werkstatt aufgebaut und lange hier gearbeitet und gelebt, ihre Kinder groß gezogen und die Menschen mit ihren wunderschönen Puppen beschenkt. Ihr Sohn, Max Kruse (geboren 1921), ist der „Erfinder" des „Urmel aus dem Eis" und „Der Löwe ist los", zwei Bücher, aus denen Fernsehserien der Augsburger Puppenkiste wurden.

Eine Generation später werden in der Bad Kösener Tierwelt GmbH, einem Nachfolgebetrieb der Kruse-Firma, wieder Puppen für das Fernsehen hergestellt. Die Kultpuppe

„Bernd das Brot" und Schnappi, das Krokodil halten den Betrieb am Laufen, dessen eigentliche Stärke die handgefertigten, naturnah designten Kuscheltiere sind, von der Afrikaserie angefangen bis zu vielen Tieren aus der heimischen Flora.

Hier in der Nähe, in Nebra und Goseck, beginnen auch die „Himmelswege": In Goseck werden der Ringwall des jahrtausendealten Observatoriums nachgebaut und die Sichtachsen zum Brocken und zum Kyffhäuser nachgezogen. Die Fundstelle auf dem Mittelberg bei Nebra wird rekonstruiert und ein Informationszentrum und Museum für die Himmelsscheibe und andere Funde im Umfeld geschaffen.

Das Paradies beginnt im Burgenland

Zu Lützkendorfs Weinbergen gehört auch der älteste Weinberg des Saale-Unstrut-Gebietes, der 1154 als Gründung der Zisterzienser des Klosters St. Mariam ad Portem erwähnte Pfortenser Klöppelberg.

Weshalb Bad Kösen nicht mit der Schulstadt "Schulpforte" wirbt, der einzigen Eliteschule Sachsen-Anhalts und vor allem einer, die nicht auf Herkunft, sondern auf Begabung Wert legt, bleibt ein Rätsel. Das ehemalige Zisterzienserkloster galt als eines der reichsten Klöster im mitteldeutschen Raum. Die älteste in Deutschland erhaltene Totenleuchte stammt von 1268 und steht auf dem vor der Kirche liegenden Friedhof der Portenser. Bad Kösen selbst kann immerhin mit dem Romanischen Haus aufwarten. Früher ein Wirtschaftsbau, ist das Haus jetzt Museum. Es enthält eine hübsche Sammlung von Puppen, die Bad Kösens berühmteste Einwohnerin seinerzeit entworfen hat, "Puppenmutter" Käthe Kruse. Wie der Name sagt, ist Bad Kösen Kurstadt, als Stadt Nachbarin der Burgen Rudelsburg und Saaleck und nicht zuletzt eine frühe Heimat des Weinbaus in Mitteldeutschland.

Träume im Karsdorfer Tagebau

Der Rotschwanzmilan pfeift und zieht am Himmel über dem Tagebau seine Bahn. Am Wochenende gibt es keine Sprengungen. Wie eine offene Wunde erstreckt sich vor uns das maschinenbesetzte Land. Hier wird der Kalk abgebaut für das Karsdorfer Zementwerk. Das Grundwasser wird abgepumpt. Möglicherweise wird sich hier einmal ein See erstrecken. „Davon träume ich jedenfalls", erzählt Uwe Lützkendorf, Pächter des einzigen Weinbergs in Europa, der in einem still gelegten Teil eines Tagebaus eingebaut wurde. Eine faszinierende Kulisse bietet sich hier, auf der gegenüberliegenden Seite des Tagebaus, dem Betrachter. Steilwände aus Kalk geben den neuen Pflanzungen auf den eigens aufgeschütteten Böden eine beinahe surreale Kulisse. Tagsüber heizt die Sonne die Kalkhänge auf, nachts geben sie diese Wärme ab.

Hier wächst ein Wein, der zur Freude jedes Winzers gereicht. „Ich stelle mir dann vor, wie wir hier sozusagen im Schweiße unseres Angesichts im Weinberg arbeiten und zur Mittagspause drehen wir uns um und gehen im See baden. Ist das eine Vision? Ein Weinberg am Ufer eines Sees?"

Es ist eine Vision. Ein Uhupärchen hat sich hier seit drei Jahren angesiedelt. Es schätzt offenbar den Standort. Es brütet Jahr für Jahr und zieht Junge auf. „Was mir hier noch fehlt, ist eine Obstwiese mit Obstbäumen, die zum Weinberg passen."

Foto links:
Uwe Lützkendorf
gehört zu den Menschen,
für die auch Arbeit
ein Genuss sein muss.
Foto rechts:
Saaleblick

Schule der Philosophen

1137 gründeten Zisterziensermönche das Kloster „St. Marien zur Pforte" an der Nordseite der Saalehänge, unweit Naumburgs. Sie entsumpften das Saaletal, legten einen Damm gegen das Hochwasser an und bauten das Wehr in Bad Kösen. Die Erfolgsgeschichte des Klosters machte es bald zu einem der reichsten ostthüringischen Klöster. Die Mönche begründeten zwar nicht den Weinbau in der Saale-Unstrut-Region, sie führten ihn aber zu neuer Blüte. Die Ära der Mönche im Kloster ging mit der Reformation zu Ende. 1543 aber begann der Aufstieg als staatliche Lehranstalt. Der spätere Kurfürst Moritz von Sachsen richtete in den freigewordenen Klostergebäuden eine Landesschule ein, die 150 begabten Knaben die Ausbildung als Lehrer, Beamte oder Geistliche ermöglichen sollte. Das einzige Kriterium für die Auswahl sollte die Leistung sein.

Für sechs Jahre gab es hier Ausbildung, Unterkunft, Verpflegung unentgeltlich. So ist es geblieben. Bis heute. Unter den 20 000 Schülern dieser Anstalt, deren Akten komplett von Schuleintritt bis Schulaustritt und mit Nachricht über ihren weitern Verbleib im Archiv vorhanden sind, finden sich Namen wie Leopold von Ranke, Johann Gottlieb Fichte, Friedrich Nietzsche, Friedrich Gottlieb Klopstock – und, natürlich, auch Uwe Lützkendorf. Heute, wie damals, bilden die alten „Pförtner" einen Freundeskreis, der die Schüler unterstützt.

Weingut Uwe Lützkendorf
Saalberge 31, 06628 Bad Kösen
Tel.: 034463/61000, Fax: 034463/61001
info@weingut-luetzkendorf.de, www.weingut-luetzkendorf.de

Bärlauchsuppe vom Saaleberg

200 g junger Bärlauch
1 Zwiebel, 1 Knoblauchzehe
1 Karotte, 1 Kartoffel
Distelöl
50 ml trockener Weißwein aus dem Saale-Unstrut-Tal
1 l Gemüsebouillon
100 ml Schlagrahm
Salz, Pfeffer, Cayennepfeffer

Bärlauch waschen, die Stiele entfernen, gut abtropfen lassen. Die Zwiebel fein würfeln, die Karotte und die Kartoffel ebenfalls. Zwiebel, Knoblauch und Bärlauch in einer Kasserolle in Öl dünsten, Karotten- und Kartoffelwürfel zugeben. Mit Weißwein ablöschen und einköcheln lassen. Die Gemüsebouillon dazugeben, aufkochen und auf kleinem Feuer 15 bis 20 Minuten köcheln, bis das Gemüse gar ist.
Die Suppe pürieren, die Bärlauchcréme aufkochen, den geschlagenen Rahm unterziehen und die Suppe abschmecken. Als Einlage die in feine Streifen geschnittenen Bärlauchblätter über die Suppe streuen.

Saale-Hecht mit Speck gespickt und Petersilien-Butter-Kartoffel

1 Hecht von 1,5 bis 2 kg Gewicht
125 g Räucherspeck
Salz, Pfeffer
100 g Bratfett
100 ml Gemüsebrühe
1 1/4 l saure Sahne
8 Tomaten
8 Butterflöckchen
40 g Butter, 40 g Mehl
800 g kleine, runde, fest kochende Kartoffeln
40 g Butter
1 Zitrone
Salz, weißer Pfeffer

Den Hecht schuppen, ausnehmen, waschen, trockentupfen. Den Fischrücken mit Räucherspeckstreifen spicken. Dann mit Salz und Pfeffer würzen.
Den Hecht auf einer Tasse in einen entsprechend großen Bräter stellen, mit heißem Bratenfett begießen und etwa 20 Minuten im vorgeheizten Ofen bei 220 ° C backen lassen. Ist der Fisch gar – Gabelprobe! – herausnehmen, den Bratensatz mit Sahne und etwas Brühe verrühren und die Soße mit Mehlbutter binden, dann passieren. Die Tomaten kreuzweise einschneiden, salzen und pfeffern, je ein Butterflöckchen aufsetzen und dann einige Minuten gesondert im heißen Backofen garen.
Als Beilage kleine, runde, gut abgewaschene Pellkartoffeln kochen, nach dem Kochen abtropfen lassen und in eine mit Butter ausgelegte Pfanne geben. Die Kartoffeln mit Salz und weißem Pfeffer gewürzt braun braten. Während des Bratens ab und zu etwas Zitronensaft darüber träufeln. Vor dem Servieren mit fein gehackter Blattpetersilie bestreuen.
Den Hecht mit den Tomaten und den Petersilien-Butter-Kartoffeln anrichten, die Soße extra dazugeben.

Franckes Patenschaften

Am 9. Juli 1706 erreichten Bartholomäus Ziegenbalg (1682-1719) und Heinrich Plütschau (1675-1762) die Stadt Tarangambadi in Südindien. Sie kamen im Auftrag der Dänisch-Halleschen Mission. Ziegenbalg übersetzte alsbald das Neue Testament ins Tamilische. August Hermann Francke (1663-1727) machte die Franckeschen Stiftungen zu Halles Tor zur Welt.

Halle heißt nicht umsonst Kulturhauptstadt Sachsen-Anhalts. Immerhin kommt Tatort-Kommissar Ehrlicher alias Peter Sodann aus Halle und Polizeiruf-110-Kommissar Herbert Schmücke alias Jaecki Schwarz ermittelt in Halle. Wer nun noch zweifelt, der sei auf Barock-Star Georg Friedrich Händel verwiesen, zu dessen Festspielen mittlerweise die halbe Welt nach Halle reist, auf die einzige Kunst- und Designhochschule Sachsen-Anhalts, die Burg Giebichenstein, auf Moritz Goetze, Halles berühmtesten zeitgenössischen Maler und, vor allem, auf Halles spannende „Szene". Die hatte schon zu des Tonmeisters Reichardts Zeiten deutschlandweit einen guten Ruf und lockte Dichter wie Novalis an, der in des Tonmeisters Garten die „blaue Blume der Romantik" (er)fand, oder den Weimarer Geheimrat und sein Früchtchen August. Und nicht vergessen sei August Hermann Francke, der den Waisenkindern einen Palast erbaute und sie zur Bildung „zwang" und dessen Schulsystem und Missionsbestrebungen Halle weltweit bekannt machten.

Franckesche Stiftungen

Die Not war groß Ende des 17. Jahrhunderts. Noch immer waren die Folgen des unseligen Dreißigjährigen Krieges in Deutschland nicht überwunden. Der pietistische Pfarrer August Hermann Francke richtete vor dreihundert Jahren einen Freitisch für Kinder ein, an dem das Gebot galt: Essen für Bildung. Wer essen wollte, musste Bildung in Kauf nehmen. Oder, war er Student, selbst Bildung vermitteln. Für Studenten galt der Satz: Zwei kostenlose Mahlzeiten gegen einen kostenlosen Unterricht in den Schulen der Anstalt. Englische Studenten hatten als Gegenleistung an den Tischen englisch zu reden und aus englischen Zeitungen vorzulesen. Der Gang der Dinge ist bis hin zur Speisekarte detailgetreu überliefert.

Halles Stadtteil Glaucha ist auch heute ein Stadtteil, in welchem eher benachteiligte Familien wohnen. Die Franckeschen Stiftungen bieten als Kindergarten in Halle das Krokoseum an, ein Kinderkreativzentrum. Im Hosentaschenmuseum haben Kinder aus den Gegenständen, die sie in ihren Hosentaschen trugen, Exponate für ein Museum gezaubert, mit den notwendigen wahren oder erfundenen Geschichten drumherum. Solche Dinge zaubert man hier.

2004 wurde mit dem Kinderbüro Halle die Idee des Freitisches wiedergeboren. Etliche

Im Gewächshaus der Franckeschen Stiftungen kann man 2007 einiges über „Schulgärten" lernen. Schulgärten gehörten zum Franckeschen Schulkonzept und stammen als Idee seinerzeit tatsächlich aus Halle.

Foto links: Franckesche Stiftung
Foto rechts: Beim gemeinsamen Essen
Foto Seite 189: Franckes Eßbesteck

2004 wurde mit dem Kinderbüro Halle die Idee des Freitisches wiedergeboren. Etliche Kinder machen nicht mehr die Erfahrung, wie das ist, wenn man in Familie oder in Gesellschaft isst. Wie deckt man einen Tisch? Was ist überhaupt dazu nötig, dass irgendetwas auf dem Tisch steht, an Essen, an Dekoration? Wie ist das, gemeinsam mit dem Essen zu beginnen und gemeinsam wieder aufzuhören? Wie ist das, wenn mir mal wieder jemand zuhört? Wie feiert man eine Party?

Am Kulturellen Kinderfreitisch bestimmen Kinder einmal im Monat ihr Thema: Zum Beispiel Zeugnisausgabe. Da wird darüber gesprochen, einander getröstet und ermutigt. Das nächste Mal wird es besser.

Am Ende der gemeinsamen Zeit nehmen die Kinder die ganz einfachen, nachkochbaren Rezepte mit nach Hause. Die Rezepte sind aus verschiedenen Quellen. Eine Quelle der Inspiration bleibt auf jeden Fall die alte Franckesche Speisekarte.

„Selbstverständlich kann man die Rezepte heutzutage nicht eins zu eins übernehmen, zumal wir ja auch nur Hinweise darauf haben. Aber wir haben sie zu unseren Rezepten gemacht, haben sie also auf unseren heutigen Gebrauch hin entwickelt. Ich denke, Vater Francke wäre da mit uns recht zufrieden." Die das behauptet, ist Anne Marleen Müller-Bahlke, die Seele und Leiterin des Kulturellen Kinderfreitisches. Wobei, so ungeschminkt hört sie das gar nicht gern...

Franckes Patenschaften

Am 13. Juli 1698 legte August Hermann Francke den Grundstein für sein Waisenhaus in Glaucha, einer kleinen Stadt unmittelbar vor den Toren Halles. Bereits drei Monate später stattete sie der brandenburgische Kurfürst Friedrich III. mit einem Privileg aus, dass ihr die wirtschaftliche und rechtliche Zukunft sicherte.

Der preußischen Obrigkeit war der Francke, der mit seinen umwälzenden sozialen Projekten den orthodoxen Lutheranern ein Dorn im Fleische war, gerade recht. Hier hatte die Realschule ihre Wurzeln, hier wurde die Idee vom Schulgarten geboren. Missionare schickte man bis Tranquebar in Indien, zu den Inuit und, weiß Gott, in alle Welt. Die Schulidee übrigens auch.

Bildung ist ein teures Gut und schafft auch dem Lande volle Taschen. Das wussten sogar die Preußenkönige. Das erste, was man in Franckes Schule lernte, war, dass es nichts umsonst gibt. Wer etwas zu Essen haben wollte, musste es sich erkaufen, indem er sich bilden ließ.

Die Franckeschen Stiftungen Halle stehen auf der UNESCO-Weltkulturerbe-Vorschlagsliste für 2010. Das wäre eine schöne, wohl auch fällige Anerkennung der Arbeit, die hier seit drei Jahrhunderten für Halle und für die Welt, eigentlich ja für die Menschen, geleistet wird.

König: „Kriegen sie auch satt zu essen?"
Francke:
„Ja, satt. Meine Regel ist, dass sie genug kriegen, und was die Güte betrifft, sind die Speisen so beschaffen, dass sie zur Nothdurft hinlänglich, andern-theils auch nicht köstlicher, als sie es mal in ihrem Leben ausführen können."

Auszug aus einem Dialog vom 12.4.1713 zwischen August Hermann Francke und König Friedrich Wilhelm I., dem Soldatenkönig, wie er später hieß.

Übrigens, wo Francke vor dem Rezept steht, ist das eine solche Weiterentwicklung des historischen Rezeptes. Die anderen sind zu verschiedenen Themen des Kulturellen Kinderfreitisches gekocht und mit Genuss verzehrt worden! Wer da jetzt neugierig geworden ist, ist gern gesehen. Die Franckeschen Stiftungen kann man besuchen, sich erkundigen und man hat bei den vielen Ausstellungen, Konzerten und mit der Kunst- und Naturalienkammer ein immenses Kulturangebot.

Rezepte vom Kulturellen Kinderfreitisch

Franckes Petersiliensuppe

Für die Suppe:
500 g Kartoffeln
1 l Gemüsebrühe
5 Petersilienwurzeln, 5 Bund glatte Petersilie
Schlagsahne
Pfeffer, Salz, Muskatnuss

Für die Garnitur:
krause Petersilie
und, wenn vorhanden, ein kleines Geheimnis
dazugeben (s.a. Hohlers feines Süppchen)

Die Kartoffeln schälen, waschen, zerkleinern und mit den Petersilienwurzeln in der Brühe garen. Die von den Stielen gezupfte Petersilie gleichfalls in die Brühe geben.
Nach dem Garen alles pürieren, die Sahne hinzugeben und unterrühren. Die Suppe kräftig würzen. Und, natürlich, mit dem kleinen Geheimnis.

Kartoffelsuppe nach Franckescher Art

400 g Kartoffeln, 1 Zwiebel
1 große Möhre, 1 Stange Lauch oder Porree
etwa 1/2 l Gemüse- oder Hühnerbrühe
Salz, Pfeffer
1 Lorbeerblatt, Pigment, Kräuter
saure Sahne

Saubere Kartoffeln, Zwiebel und Möhre schälen, in Würfel bzw. Scheiben schneiden. Den Lauch waschen und in Ringe schneiden. Den Speck gleichfalls in kleine Würfel schneiden.
Die Kartoffeln gerade mit Wasser bedeckt zum Kochen bringen, hin und wieder den Schaum abschöpfen. Gemüse und Brühe zugeben und alles miteinander langsam gar kochen. Die Speckwürfel auslassen und zur Suppe geben. Die Suppe mit Salz, Pfeffer, 1 Lorbeerblatt und zerstoßenem Pigment würzen. Die Kartoffelsuppe noch einmal kräftig durchkochen. Zum Schluss die fein gehackten Kräuter wie Petersilie, Dill oder Pimpinelle daran geben und nach Belieben noch etwas Sahne beizufügen.

Hirsebrei mit feinem Gemüse nach Franckescher Art

250 g Hirse
1/2 l Hühner- oder Gemüsebrühe
1 Gurke, 1 Bund Lauchzwiebeln
3 Möhren, nach Saison auch Erbsen oder Bohnen
200 g Schnittkäse
20 g Butter

Die Hirse in der Brühe aufkochen, dann köcheln lassen, bis die Hirse weich ist. Das Gemüse in feine Würfel schneiden und in heißem Wasser köcheln, bis es etwas weicher als bissfest ist. Den Hirsebrei in eine Auflaufform geben, das Gemüse über den Brei und darüber den Schnittkäse geben. Den Auflauf etwa 10 bis 15 Minuten in der Backröhre bei 220 ° C garen. Vor dem Herausnehmen die Gabelprobe machen und sehen, ob die Hirse auch weich ist. Gar ist er, wenn sich bei dem Käse eine goldbraune Färbung eingestellt hat.

Franckes Dessert, die Apfelmussuppe

1 Glas Apfelmus (500 g)
1/2 Flasche Apfelsaft
1 Päckchen Puddingpulver

In eine entsprechend große Schüssel 1/2 l Apfelsaft gießen, mit dem Päckchen Vanillepuddingpulver verrühren, das Apfelmus unter die Mischung rühren und das Ganze langsam auf dem Herd erwärmen. Die Suppe kann sowohl warm als auch kalt genossen werden.

Hohlers feines Süppchen von Salatgurken

2 Salatgurken
2-3 EL Olivenöl, 1 Gemüsezwiebel
1/2 l Rinderbrühe
1/2 Becher süße Sahne, 1 TL Senf
weißer Pfeffer
Schnittlauch, Dill
und ein kleines Geheimnis

1 1/2 Gurken putzen, halbieren und grob zerkleinern. 1/2 Gurke in 5 mm dicke Scheiben schneiden und als Suppeneinlage bereitstellen.

Das Olivenöl erhitzen, die gewürfelten Zwiebeln darin glasig dünsten. Die Gurken dazugeben, das Ganze mit der Rinderbrühe auffüllen und etwa 20 Minuten köcheln lassen.

Danach die Suppe im Mixer pürieren und erneut im Topf erhitzen. Die Sahne mit dem Senf glatt rühren und die Masse unter die Suppe ziehen. Nun die Suppe kräftig mit den Kräutern abschmecken, die Gurkenscheiben in die Suppe geben und diese nun noch freundlich mit ein wenig geschnittenem Dill und Schnittlauch garnieren.

Ein Geheimnis muss auch noch mit auf oder in die Suppe. Überlegen Sie einfach, wie Sie Ihre Gäste oder Familie überraschen können... Bei Gurkensuppe könnten es beispielsweise die kleinen, lila gefärbten Borretschblüten sein, die eine willkommene Zugabe wären und der Suppe bestechende Farbtupfer geben.

Rhabarber-Kompott nach Glauchaer Art

1 kg Rhabarber, Wasser
8-10 EL brauner Zucker
1 Päckchen Vanillesoße

Rhabarber waschen, schälen und in Stücke schneiden. Nun in einem entsprechend großen Topf mit Wasser ansetzen. 6 EL Zucker zufügen. Den Rhabarber langsam garziehen. Die Vanillesoße anrühren, kurz aufkochen und nach Belieben süßen.

Nudeln mit Mangold nach Hohlers Art

1 kg frische Bandnudeln
(am besten frische Nudeln vom Hühnerhof Steuden)
500 g buntstieliger Mangold
400 g frische, dunkle Champignons
2 Bund Frühlingszwiebeln
1 Zitrone
1 Bund glatte Petersilie
5 Knoblauchzehen
Butter
Salz, Pfeffer, Muskat
1 TL Gemüsebrühe
1 TL Worcestersoße
Apfelsaft
250 g süße Sahne
1 Becher Crème fraîche
Pinienkerne
und wieder ein kleines Geheimnis

Mangold waschen, mundgerecht zerkleinern und in Wasser kurz dünsten. Champignons in dünne Scheiben geschnitten scharf in Butter anbraten und mit dem Saft einer Zitrone beträufeln. Außerdem den zerdrückten Knoblauch über die Pilze geben.

In einer großen Pfanne die Butter zerlassen, die Zwiebeln anbraten, Worcestersoße, Gemüsebrühe und Apfelsaft hineingeben und das Ganze bei geschlossenem Deckel etwa 5 Minuten garen. Sahne und Crème fraiche zufügen und die Champignons, den Mangold, die Soße in der Pfanne und die bissfest gekochten, abgetropften Bandnudeln in der heißen Pfanne mischen.

Mit Pinienkernen und frisch gemahlenem Parmesan bestreuen und genießen.

Und das Geheimnis? Teilen Sie es aus am Tisch. Ein wenig Nachdenken, womit ich meine Gäste überraschen möchte, hat noch nie geschadet.

Heeme in Naumburg

Eine Frau beherrscht die Domstadt, wie sie schöner, geheimnisvoller und liebreizender nicht sein kann. Umberto Eco schwärmt von ihr. Namhafte Kunstwissenschaftler lächeln verträumt, nennt man ihren Namen. Ihretwegen reisen Touristen busseweise an: Uta von Naumburg, die eigentlich Uta von Ballenstedt heißt.

Eingebettet in eine mediterran anmutende Landschaft liegt der Traum eines jeden Pensionärs, die Stadt mit dem Standbild einer der schönsten Frauen der Welt in den Mauern eines wunderbaren, spätromanisch-gotischen Domes, die Stadt der Kindheit und Jugend Friedrich Nietzsches, noch dazu unweit seines Geburtsortes Röcken bei Weißenfels, mit einem Wort: Ein lohnendes Reiseziel vor den Pforten Thüringens an der Straße der Romanik und für Liebhaber eines guten Weines, bereit zur Begegnung mit einer Stadt voller Geschichte und Geschichten...

Saturday Night Fever in der "Thüringer Pforte"

Bereits als Schuljunge war Danny Schaller dem Diskofieber verfallen. „Das ist ein Virus. Wer den einmal hat, der ist unheilbar davon besessen." Deshalb legt der Wirt der „Thüringer Pforte" in Naumburg heute noch selber auf. Überwiegend für die Diskogeneration, also die heute Mittdreißiger in der jüngeren Fraktion, „das geht schon mal bis Mitte Fünfzig. Und da ist die Bude voll."

Aber nicht nur seiner und der Generation der Eltern gilt die musikalische Betreuung. „Das Kulturamt hat uns Wirte mal darauf angesprochen, dass es in Naumburg für die ältere Generation keine Möglichkeit gibt, am Nachmittag irgendwo tanzen zu gehen. Da haben wir wieder den „Tanztee" aus der Mottenkiste geholt, schön aufpoliert und bieten ihn nun reihum an." Reihum, das sind drei Gaststätten, die alle vierzehn Tage einen Nachmittag für die ältere Generation anbieten. „Da brummt der Saal. Der Eintritt kostet drei Euro. Da ist aber 1 Stück Kuchen mit drin."

Foto rechts: Der beeindruckende Naumburger Dom, die Arbeiten des Naumburger Meisters und die im Domschatzgewölbe ausgestellten Bilder Lucas Cranachs d. Ä. ziehen nach wie vor die Menschen in ihren Bann.

Eigentlich stammt die Familie aus Großkayna. Auch dort hat man eine Gastwirtschaft geführt, bis der Tagebau fast vor der Tür stand. „Wir hatten eine private Gastwirtschaft und wir wollten auch wieder eine." Da machte sich der Vater auf die Suche. Hier in Naumburg wurde er fündig. Die „Thüringer Pforte" liegt verkehrsgünstig an der B 87, hatte einen kleinen Biergarten, ideale Bedingungen. Was macht ein disko-infizierter Koch in seiner Freizeit? „Schaller hat sich der Karikatur verschrieben. Wenn er nicht kocht, malt er. Da sitzt ein deutscher Tourist in Mexiko und schwärmt dem mexikanischen Wirt vor: Tequila ist ja ganz schön, Senior, aber mit eenem Schnitzel wärs wie heeme..."

Naumburger Hussitenspieß

Ein Import aus der slawischen Küche: Der oder das Schaschlik ist ein Fleischspieß zum Grillen oder Braten und ist zugleich eine sehr ursprüngliche Zubereitungsart.

Für die Marinade:

3 EL Öl
5 EL Weinessig oder Zitronensaft
5 Zwiebeln, 2 Tomaten
1 Bund Schnittlauch, 1 Zweig Rosmarin,
1 Prise Thymian
1 EL Honig
Salz, Pfeffer

Für das Schaschlik:

800 g mageres Schweinefleisch
300 g Schweineleber
200 g magerer, geräucherter Speck
6 bis 7 Zwiebeln
24 Cocktailkirschen

als Beilage Baguettescheiben oder Mischbrot

Das Fleisch in grobe Würfel schneiden, die Zwiebeln schälen und klein würfeln, die Tomaten würfeln. Den Schnittlauch in Röllchen schneiden. Alles zusammen in einen Topf geben, mit Weinessig oder Zitronensaft übergießen, mit Salz und Pfeffer würzen, den Honig dazugeben und das Ganze mindestens 4 Stunden im Kühlschrank ziehen lassen.

Speck und Leber inzwischen in Scheiben schneiden, ebenso die Zwiebeln. Dann die Spieße bestecken: Im Wechsel Fleisch, Zwiebel, Speck und Leber aufstecken. Die Spieße entweder auf dem Holzkohlengrill grillen oder in der Pfanne langsam in ausreichend Fett braten. Das Fleisch muss dabei saftig bleiben. Vor dem Anrichten das Schaschlik nachwürzen, je sechs Cocktailkirschen auf geschnittenem Salat in wenig Basilikumöl, um den Spieß legen. Das Brot anrösten.

Soljanka

400 g Schinkenspeck, Schweinenacken oder Rinderbrust
400 g Jagdwurst oder Bierschinken
100 g magerer, geräucherter Speck
3 kleine Zwiebeln
300 g Gewürzgurken
Letscho nach Geschmack, mindestens 300 g
Sauerkraut nach Geschmack, mindestens 300 g
2 EL Tomatenmark
Salz, Pfeffer, Sambal Oelek
1 Zitrone, 1 EL saure Sahne pro Tasse oder Teller

Schweinebraten oder Rinderbrust kochen, bis sie mindestens bissfest sind. Dann in kleine Streifen schneiden. Die Speckwürfel anbraten, bis sie glasig sind. Schinkenspeckwürfel zugeben und mitbraten. und in der Pfanne mit anbraten. Ebenso die Fleischstreifen. Auffüllen mit einer Mischung aus Gurkenlake und Brühe. Dann das klein geschnittene Letscho und das Tomatenmark zufügen. Mit Salz, Pfeffer und Sambal Oelek abschmecken. Die Suppe kann auf kleiner Flamme fertig köcheln. Vor dem Servieren eine Scheibe Zitrone und 1 EL saure Sahne auf jeden Teller geben.

Deftiger Bauerntiegel

Für das Gemüse:
375 g Sauerkraut
80 g magerer, geräucherter Speck
50 g Schweineschmalz
Majoran, Kümmel, Pfeffer

Für das Fleisch:
4 Thüringer Bratwürste
4 kleine Schweinesteaks á 80-100 g
4 kleine Rindersteaks á 80-100 g
4 kleine Lammkoteletts á 80-100 g
50 g Schweineschmalz
Salz, Pfeffer

Für die Weinteigkartoffelmasse:
800 g Kartoffeln
200 g Mehl, Majoran
Pfeffer, Salz
1 Schuss trockener Weißwein von Saale-Unstrut

Die Speckwürfel im erhitzten Schweineschmalz glasig dünsten. Das Sauerkraut dazugeben, mit den Speckwürfeln verrühren und unter Zugabe von Majoran, Kümmel und Pfeffer anbraten. Separat in ein bis zwei Pfannen die Steaks und die Bratwürste anbraten.
Für die Weinteigkartoffeln die Kartoffeln waschen und in Salzwasser kochen. Mehl, Majoran, Pfeffer, Salz und einen reichlichen Schuss Weißwein in einer entsprechend großen Schüssel zu Teig verrühren, die Kartoffeln als daumendicke Pellkartoffeln hinzugeben. Diese Weinteigkartoffelmasse nun vorsichtig in der Fritteuse ausbacken.
Das Fleisch und die Wurst in einem Tiegel auf dem Sauerkraut anrichten. Die Weinteigkartoffeln extra dazureichen.

Naumburger Pfortenbrot

Pro Person braucht es dazu 1 kleines, rundes 500 g Bauernbrot. Die Zutaten sind für ein Brot berechnet.

1 rundes Bauernbrot von 500 g
200 g Schweineschnitzel
1 Schuss trockener Weißwein von Saale-Unstrut
1 Zwiebel
Knoblauch, Gewürzgurke
1 Schälchen Schweineschmalz

Vom Brot die Oberseite abschneiden und beiseite legen. Den Laib aushöhlen. Brot und Deckel im Umluftherd bei 250 ° C in 10 Minuten knusprig ausbacken.
Das Schnitzelfleisch in feine Streifen zu Geschnetzeltem schneiden, mit Zwiebelwürfeln und Knoblauchscheibchen gut gewürzt in einer Pfanne saftig anbraten und aus Geschmacksgründen ein wenig mit dem Weißwein ablöschen. Noch heiß das Geschnetzelte in den heißen Brotlaib füllen, obenauf mit Gewürzgurken garnieren und den Deckel schräg auflegen. Alles auf einem Holzbrett servieren.
Das Schälchen Schweineschmalz, nach Möglichkeit hausgemacht, dazureichen, dass der Gast einen Aufstrich für die abgeschnittenen Brotstücke hat.

Als Burgherr in den Fußstapfen des Knechtes Samiel

Hotel & Restaurant
Rittergut Kreipitzsch
Ortsstraße 65
06628 Kreipitzsch
Tel.: 034466/6000
Fax: 034466/60050

Burgrestaurant Rudelsburg
Burgstraße 33
06628 Saaleck
Tel.:/Fax: 034463/27325
www.rudelsburg.com

Die Dornburger Schlösser sind nur 15 Kilometer entfernt, Bad Lauchstädt 50 Kilometer. Burg Saaleck liegt zu Füßen und die Himmelswege mit dem Fundort der Himmelsscheibe von Nebra und dem Nachbau des ältesten Sonnenobservatoriums der Menschheit liegen förmlich vor der Tür. Heute wie damals steht die Rudelsburg mitten im Geschehen.

Pokrants Kindheitstraum

Er ahnte damals nicht, dass Bundesaußenminister a.D. Hans-Dietrich Genscher oder Ben Becker, als der unterhalb der Burg bei den Dreharbeiten zum Fernsehfilm über das abenteuerliche Leben Friedrich Freiherr von der Trencks arbeitete, einmal Gäste seines Lokals sein würden. Er ahnte nicht, als er 1990 eilends zum Kösener Stadtrat ging, um sich die Pacht für die Rudelsburg zu sichern, dass die Corpsstudenten von Würzburg wieder auf ihre Stammburg zurückkehren würden.

Als Bub ging Klaus Pokrant aus Kreipitzsch, dem kleinen Ort auf gleicher Höhe, nur gegenüber der vielgeliebten Burgruine, oft herüber zum verbotenen Spielen auf die Rudelsburg. Zu verlockend war es, hier oben die alten Ritterkämpfe auszutragen, über das Saaletal zu schauen, hinunter auf Burg Saaleck zu blicken.

Dieser Blick ist es gewesen, der 1826 den damals gerade achtzehnjährigen Franz Kugler zu einem der bekanntesten deutschen Volkslieder inspirierte: „An der Saale hellem Strande stehen Burgen, stolz und kühn..." In einer lauen Sommernacht war es geschrieben, eine Tafel auf der Rudelsburg erinnert heute noch daran.

Hier oben muss auch sie einmal gewesen sein, die schöne Uta von Ballenstedt, von deren Schönheit Umberto Eco heutigentags noch träumt – und mit der er gern zu Abend essen würde, wie er 2004 in einem Interview einmal sagte. Hier oben jedenfalls träumte der kleine Klaus Pokrant davon, einmal Burgherr zu sein.

Eine Busgesellschaft aus Coburg ist auf der Burg eingetroffen. „Gott sei Dank", winken sie zu Pokrant herüber; „hier ist Ruhe". Sie waren kurzentschlossen von Coburg, wo drei Tage das Sambafieber tobte, hierher zur Rudelsburg geflüchtet. Es gab in der Geschichte immer wieder Gründe, dass auf der Rudelsburg um Asyl gebeten wurde.

Foto rechts:
Burgblick

Forelle „Müllerin" mit Petersilienkartoffeln und buntem Blattsalat

4 Regenbogenforellen á 300 g
Butterschmalz oder einfaches Speiseöl
Salz, Pfeffer
1 Zitrone, Mehl
gehackte Petersilie

Die ausgenommenen Forellen unter fließendem, kaltem Wasser säubern, mit Salz, Pfeffer und Zitronensaft innen und außen einreiben. Die so vorbereiteten Forellen 3-4 Stunden im Kühlschrank ziehen lassen.
Danach in Mehl wenden und bei nicht zu großer Hitze in Butterschmalz goldgelb braten.
Beim Anrichten die Forelle mit Nussbutter übergießen und mit reichlich gehackter Petersilie bestreuen. Die „Müllerin" mit Zitronenspalten, Petersilienkartoffeln und bunten Blattsalaten servieren.

Tipp:
Wer Kalorien sparen will, kann die Fische in einfachem Speiseöl braten.

Thüringer Sauerbraten mit Apfelrotkohl und Thüringer Klößen

ca. 1 kg Rinderschmorfleisch
1 Zwiebel, 2 Scheiben vom Sellerie, 1 Möhre
Salz, Pfeffer
Senfkörner, Lorbeer
Lebkuchengewürz, 2-3 Nelken
Zimtrinde, Zucker
Piment, 0,5 l Weinessig
1 l Wasser

Das klein gewürfelte Gemüse mit den Gewürzen, mit Ausnahme des Zuckers und des Lebkuchengewürzes, in das Essig-Wassergemisch geben und aufkochen. Nach dem Aufwellen wieder abkühlen lassen, dann das mit frischem Wasser abgespülte Fleisch zugeben und abgedeckt 4 Tage im Kühlschrank ziehen lassen, dabei den Braten öfter mit einer Gabel umdrehen.
Am vierten Tag das Fleisch aus der Beize nehmen, trockentupfen und in heißem Schmalz von allen Seiten scharf anbraten. Dann das Fleisch aus der Pfanne nehmen und die Gemüsewürfel aus der Beize im Fett rösten. Im Anschluss das Fleisch aus der Pfanne nehmen. Etwas Tomatenmark sowie 1 Esslöffel Zucker dazugeben und mit Beize ablöschen. Diesen Vorgang 3 bis 4 mal wiederholen.
Dann die Soße in einen genügend großen Topf füllen. Anschließend das Fleisch wieder hinzugeben, den Topf mit Brühe oder Soßenfond wieder auffüllen und den Braten im abgedeckelten Topf in der Backröhre 2 bis 3 Stunden bei 180 ° C schmoren lassen. Nun das Fleisch herausnehmen und vor dem Aufschneiden noch etwas ruhen lassen.
Zwischenzeitlich die Soße passieren, etwas Lebkuchengewürz und ein wenig Sahne hinzugeben. Abbinden lassen und zum Fleisch mit Apfelrotkohl und Thüringer Klößen servieren.

Tipp:
Man kann die Soße auch mit Soßenlebkuchen binden. Dann entfällt die Zugabe von Lebkuchengewürz. Allerdings ist Vorsicht geboten, weil die Soße dann schnell anbrennt!

Hirschkeulenbraten in Rotwein-Sahne-Soße mit Apfelrotkohl und Thüringer Klößen

etwa 1,2 kg Hirschkeule ohne Knochen
½ l Rotwein
½ l Schlagsahne
1 Möhre, 1 Sellerie
1 Zwiebel
1 TL leicht geschrotete Wacholderbeeren
2-3 Lorbeerblätter
½ TL Pfefferkörner
Salz, 4-5 Pimentkörner
Tomatenmark, Schmalz

Das Bratenfleisch wenn nötig, entsehnen und enthäuten, mit kaltem Wasser abspülen und trockentupfen.
Für die Beize den Rotwein mit ungeschlagener Sahne verrühren. Das Gemüse würfeln und mit Salz, Lorbeer, Pfefferkörnern, Pimentkörnern, Wacholderbeeren dem Rotwein zugeben. Nun den Braten in die Beize geben und 2 bis 3 Tage im Kühlschrank einwirken lassen. Das Bratenfleisch sollte von der Beize bedeckt sein und täglich mit einer Gabel gewendet werden. Nicht mit den Fingern!
Vor der Zubereitung das Fleisch mit kaltem Wasser abspülen und trockentupfen. Anschließend im heißen Schmalz in einem ausreichend großen Topf anbraten. Wenn das Fleisch von allen Seiten braun ist, die Gemüsewürfel aus der Beize hinzugeben und mit anbraten. Wenn sie Farbe genommen haben, etwa 1 Esslöffel Tomatenmark zufügen und nach kurzer Zeit mit Brühe oder Wasser ablöschen. Nach dem dritten Ablöschen mit einem Teil der Beize auffüllen.
Das Fleisch wieder hinzugeben und den Topf zugedeckt bei 180 ° C in die Backröhre geben. Den Braten von Zeit zu Zeit wenden, eingekochten Fond mit der Beize wieder auffüllen. Nach etwa 2 Stunden in der Backröhre ist der Braten gut. Den Bratenfond passieren und binden. Je nach Geschmack verschiedene Pilze kurz in der Pfanne anschmoren und der Soße beifügen. Die Soße mit einem guten Rotwein abrunden. Den Braten aufschneiden und mit Apfelrotkohl, Thüringer Klößen und einer Preiselbeerbirne anrichten.

Foto: Klaus Pokrant
vor dem Burgtor der Rudelsburg

Zukunft braucht Nachwuchs

Foto rechts:
Stadtpark in Magdeburg

Statt eines Nachwortes gibt der Vorsitzende des Vereins Magdeburger Köche e. V., Christian Ulrich, der dankenswerterweise das Buch durchgesehen hat, kulinarische Grüße in Form von Rezepten auf den Weg.

„Schlechte Zeiten für Stallhasen"

Christian Ulrich, gelernter Koch und seit langem ehrenamtlich in Sachen Köchenachwuchs tätig, veröffentlicht in einer der beiden großen Tageszeitungen Sachsen-Anhalts regelmäßig Kochrezepte. Vor allem Rezepte, die er selbst entwickelt hat.

Von besonderem Charme sind dabei seine wunderbar erzählerischen Produktinformationen, in denen er unter einer Überschrift wie „Schlechte Zeiten für Stallhasen" über die Geschichte des Hauskaninchens erzählt und einen Bogen schlägt von den alten Phöniziern, die dieses Tieres erstmals in einem Lande ansichtig wurden, dass sie seither „Ishaban" nannten, „das Land der Klippschiefer", nach einem in Phönizien beheimateten Nager, an den sie beim Anblick der zahlreichen Wildkaninchen erinnert wurden. Aus Ishaban wurde Hispania, wie die Römer den phönizischen Namen verballhornten, daraus Espana, also Spanien.

Es zeigt sich darin, dass Ulrich drei weitere Hobbies neben dem Kochen pflegt – die er gern für seine Rezeptseiten „ausschlachtet", das Lesen, das Reisen – und, das hat er nicht gesagt, aber das ist unschwer zu entdecken, wenn man ihn liest: das Erzählen.

Christian Ulrich
Vorsitzender des Vereins Magdeburger Köche e. V.
Lion-Feuchtwanger-Str. 23, 39120 Magdeburg
Tel.: 0391/6210089
magkoeche@aol.com

Gefüllte Tauben mit Orangensoße

4 Tauben je 300 g
2 altbackene Brötchen
1 Bund Petersilie
2 Eigelb
Innereien der 4 Tauben (Magen, Herz, Leber)
1/4 l dunkler Geflügelfond (aus dem Handel)
3 EL Rotwein
1 gestrichener EL Speisestärke
Salz, frisch gemahlener Pfeffer
6 Zwergorangen (Kumquats)
40 ml Pflanzenöl

Die altbackenen Brötchen in Wasser oder Brühe einweichen. Petersilie hacken. Die Innereien kleinwürflig schneiden und in ein wenig Butter anbraten. Die Brötchen ausdrücken und dazugeben. Kurz abbrennen (wie bei Brandteig). Alles ein wenig abkühlen, die Eigelbe und die Petersilie untermischen. Die Masse würzen.
Von den Tauben die Flügelspitzen und die Hälse abtrennen. Tauben innen und außen würzen. Dann die Masse, nicht zu fest, einfüllen, die Körper gut verschließen. Aus übriggebliebener Füllung Klößchen formen, garen und als Beilage reichen.
Die Tauben anbraten, anschließend mit den ebenfalls gewürzten Flügelspitzen und Hälsen in die Backröhre schieben und bei 180 ° C etwa 40-45 Minuten braten. Dabei öfter übergießen, dass sie nicht austrocknen. Aus dem Backofen nehmen und warm stellen, damit die Füllung abbindet.
Den Bratsatz mit dem Fond ablöschen, die Stärke mit Rotwein mischen und an die Soße geben und damit binden. Die gewaschenen Zwergorangen in dünne Scheiben schneiden, an die Soße geben und alles zusammen ein wenig ziehen lassen. Danach die Soße abschmecken.
Die Täubchen halbieren, die Füllung je nach Geschmack darin lassen oder separat anrichten. Dazu passt ein zartes Gemüse.

Zum Martinstag: Linseneintopf mit gebratener Gänsekeule

500 g Linsen
5 mehlig kochende Kartoffeln
100 g geräucherte Gänsebrust
200 g Zwiebeln
1 Möhre
200 g Sellerieknolle
1 Packung Gänseklein
4 mittelgroße Gänsekeulen

Linsen müssen heute nicht mehr eingeweicht werden. Am Vortag aus dem Gänseklein mit 2 Liter Wasser eine kräftige Brühe bereiten. Die Gänsekeulen nebenbei naturell in der Backröhre braten. Linsen und das geputzte Wurzelwerk mit Salz, Pfeffer, Majoran und Beifuß in der Brühe halbgar kochen. Danach die Kartoffeln, geschält und gewürfelt, hinzugeben. Ist die nötige Bindung erreicht, die zuvor angeschwitzten Würfel der Gänsebrust zugeben. Gänsekeulenfond entfetten. Das dabei abgeschöpfte Fett weiterverarbeiten zu Gänseschmalz. Die Keulen nun im Grill bräunen und in einem tiefen Teller anrichten. Mit dem Eintopf umgießen und mit frisch gezupftem Majoran garnieren.

Übrigens: Der 11. November ist der Tag des Heiligen Martin von Tours. Der zum Christentum bekehrte ehemalige römische Legionär sollte Bischof von Tours werden, versteckte sich aber, um der Wahl zu entgehen, in einem Gänsestall. Deren Geschnatter freilich verriet ihn.
Zu Martini waren früher mit dem Zehnten auch das entsprechende Deputat Gänse fällig. Gänsekraut, also Beifuß, ist der Fettverdauung förderlich und sollte deshalb auf keinen Fall fehlen. Im August kann man es auch selber sammeln und trocknen.

Hubertuspastete

Was Martin Luther seinerzeit nicht zu schätzen wusste, gilt heute als ungemeiner Vorzug und edel am Wildtierfleisch: Es ist bindegewebs- und fettarm und hat eine feinfaserige Muskulatur. Das Eiweiß kann problemlos in körpereigenes Protein umgewandelt werden. Die Vitamine der B-Gruppe, wichtig für Nerven und Stoffwechsel, machen es zudem wertvoll.

Pastetenteig:
500 g Mehl
125 g Schmalz
17 ml Wasser
10 g Salz
50 g Quark
1 Ei

Weitere Zutaten:
300 g Hirschrücken
125 g Wildschweinleber
(die vom Hausschwein geht auch)
400 g Gehacktes
1/4 Dose Champignons
wenig Öl zum Anbraten
Wildgewürzmischung
2 Eier
Madeiragelee

Die Zutaten für den Pastetenteig zu einem geschmeidigen Teig verarbeiten. Abgedeckt mindestens zwei Stunden kühl ruhen lassen.
Hirschrücken und Leber in kleine Würfel schneiden, kurz in Öl anbraten und dann abkühlen. Danach das Gehackte, ein Ei und die kleinen oder geviertelten Champignons hinzugeben, alles gut miteinander mischen und die Masse mit Salz, Pfeffer, gestoßenem Wacholder und Thymian würzen.
Eine Kastenkuchenform mit dem ausgerollten Pastetenteig auskleiden. Den Teigrest für den Pastetendeckel aufheben. Bei der Auskleidung der Kuchenform einen Rand von etwa 1 Zentimeter zum Verschließen der Pastete überstehen lassen.
Jetzt die Fleischmasse einfüllen, die Teigränder mit dem verquirlten Ei einpinseln. Nun den Deckel auflegen und gut andrücken. Mit einem kleinen Ausstecher zwei Löcher für den Dampfabzug in den Deckel stoßen.
Mit dem Rest der verquirlten Eier den Deckel einpinseln. Pastete ca. 60 Minuten bei 160 ° C in der Backröhre backen. Ist der ausgetretene Fleischsaft in den Löchern klar, ist die Pastete fertig.
Nach dem Erkalten die Löcher mit dem verflüssigten Madeiragelee auffüllen, da sich beim Backen Luftblasen gebildet haben. Ist das Gelee erstarrt, die Pastete in Scheiben schneiden und mit einer Cumberlandsoße servieren. (Die Soße ist im Handel erhältlich und besteht aus einer Mischung von Preiselbeer- und Johannisbeermarmelade, mit englischem Senf gewürzt.)

Tipp:
Vielleicht vermisst der Eine oder Andere Hinweise zur Beize. Küchenfertiges Wild aus dem Handel muss man nicht mehr beizen und auch nicht mehr gut durchbraten. Heute ist Wild auch halbrosa oder rosa genießbar. Für den Geschmack kann man es aber mit Buttermilch-, Rotwein- oder Essigbeize am Tage vorher behandeln und über Nacht marinieren lassen.
Will man das Wild seiner Fettarmut wegen spicken, empfiehlt sich grüner, also frischer Speck, der vor dem Schneiden kurz ins Tiefkühlfach gelegt wird. Vor dem Einziehen wird der Speck in einer Wildkräutermischung gewälzt.

Rhabarber-Erdbeer-Torte

Rührteig:
150 g Butter
75 g Zucker
75 g brauner Rohrzucker
3 Eier
150 g Mehl
50 g Stärke
4 EL Backpulver
1 Päckchen Bourbonvanillezucker
Abrieb 1 unbehandelten Orange

Fruchtmasse:
750 g Rhabarber
500 g Erdbeeren
75 g Puderzucker
Saft 1 Orange
6 Blatt Gelatine

Zitronenglasur

Für den Rührteig Butter, Zucker, Rohrzucker und die Eier schaumig rühren. Mehl und Stärke mit je 2 EL Backpulver mischen, auf die Masse sieben und unterrühren. Bourbonvanillezucker und Orangenschale zufügen. Die Masse in eine gefettete Springform füllen. Rhabarber putzen, Fäden ziehen, um den Anteil an Oxalsäure verringern. (Als Kalziumkiller bei Rhabarber wenig beliebt.) Rhabarber in Stücke schneiden, die der Formhöhe entsprechen. Fruchtstücke kreisförmig auf dem Teig verteilen. Den Kuchen bei etwa 180 ° C 45 bis 50 Minuten backen. Damit er nicht braun wird, evtl. mit Backpapier abdecken. Danach den Kuchen auskühlen lassen.
Die gewaschenen und geputzten Erdbeeren in der Zwischenzeit in Stücke schneiden. Einen Teil davon (etwa 150 g) mit 75 g Puderzucker und Orangensaft pürieren. Die Gelatine einweichen und nass auf kleiner Flamme in einer Kasserolle auflösen. 3 EL der pürierten Erdbeeren dazugeben, um ein vorzeitiges Abbinden der Gelatine zu verhindern. Alles gut verrühren. Das Mus in die entstandenen Löcher in der Torte füllen und erstarren lassen. Zuletzt die Torte mit einer Zitronenglasur überziehen.
Unbedingt zur Torte Schlagsahne servieren. Das hilft nicht nur gegen den Kalziumkiller Oxalsäure, sondern rundet die Torte auf unnachahmliche Weise geschmacklich ab.

Sachsen-Anhalts Küche und kein Bötelrezept. Ist das nicht eine Sünde? Ja. Wir haben Ihnen auch nicht alle Sehenswürdigkeiten zeigen können. Wir haben ja gerade mal damit angefangen. Es passt nicht alles in ein Buch. Das wissen Sie doch auch...

Nun sagen wir Adjüs, bis auf die Tage. Vielleicht dann auch mit Bötel oder Hackus und Kniest und wunderbaren Entdeckungen, also Unvermutetem.

Foto: Christian Ulrich tut seine „Stallpflicht".
Man sollte sich die Gans recht beschauen, bevor man sie mit nach Hause nimmt. Schließlich will man mit ihr vor der Verwandtschaft glänzen, zumindest zu Martini.

Besonderer Dank für fachliche Beratung, Hinweise und Korrekturen an:

Herrn Manfred Cuno, GCC Grafisches Centrum Calbe
Frau Ursula Cuno, GCC Grafisches Centrum Calbe
Frau Jutta Dick, Moses Mendelssohn Akademie in Halberstadt
Herrn L. E. E. Einsporn, Rechtsanwaltskanzlei Halle
Frau Andrea Klapperstück, Franckesche Stiftungen Halle
Frau Anne-Marleen Müller-Bahlke, Franckesche Stiftungen in Halle
Herrn Dr. Thomas J. Müller-Bahlke, Franckesche Stiftungen in Halle
Frau Heike Prell, Gera
Herrn Matthias Pöschel, Landesmarketinggesellschaft Sachsen-Anhalt
Frau Christa Ringkamp, HORTEC GbR in Berlin
Frau Simone Rauhut, mvgm Magdeburg
Frau Käthe Roeber, Druxberge
Herrn Dr. Martin Treu, Lutherhaus in Lutherstadt Wittenberg
Herrn Matthias Ulrich, Berlin, Landesmarketinggesellschaft Sachsen-Anhalt
Frau Kathrin Imogen Vieth, Gartenträume e.V. in Magdeburg

Ein besonderer Dank geht an den Biohof Gottfried Kliegel,
Auf dem Liethe 1, 39326 Hohenwarsleben, Tel.: 039204/63184, hof@g-kliegel.de, www.g-kliegel.de
für die schnelle und unkomplizierte Hilfe bei den Fotoarbeiten zum Kapitel Christian Ulrich.